SOLO PARA LIDERANÇA

Ofício das Palavras
literatura a quatro mãos

Produção e Coordenação Editorial: @oficio_das_palavras
Capa e Diagramação: @marianafazzeri
Impressão: @ipsisgrafica

Dados Internacionais de Catalogação na Publicação (CIP)
(eDOC BRASIL, Belo Horizonte / MG)

Urbano, Felipe.
U72s
Solo para liderança: sentimentos possíveis. / Felipe Urbano. 2. ed.
São José dos Campos (SP): Ofício das Palavras, 2025.
302 p.: 15,6 x 23 cm
ISBN 978-65-5201-066-7
1. Liderança. 2 Desenvolvimento pessoal. 3. Técnicas de autoajuda. I. Título.
CDD 158.1

Elaborado por Maurício Amormino Júnior - CRB6/2422

www.oficiodaspalavras.com.br

.felipe**urbano**

2ª edição

À força, coragem e amor de Carolina Helena.

SUMÁRIO

AGRADECIMENTOS

Às tantas lideranças que confiaram e continuam confiando em nossas conversas, projetos e empreendimentos. Gente que corajosamente desvela a alma, sentimentos e preocupações diante do ordinário da vida.

À Carolina, que me acompanha em amor e, integralmente, nessa e em tantas travessias.

Ao artífice Marson Guedes, pela brilhante conceituação literária e arte de revelar palavras que jamais encontraria em mim.

Ao Tchelo, pela sensibilidade dedicada a cada obra neste livro. "Linhagem" é um afago para alma.

Aos meus filhos, que lembram que a vida sempre pode ser maior, mais ampla e profunda.

Ao seu Zé *(in memoriam)*, Dona Nice e a Fabiane, pela torcida, sabedoria e fé na minha autoria no mundo.

À Loide, Rosa Lídia e Antonio *(in memoriam)*, que fizeram dos seus consultórios um templo sagrado e me alfabetizaram nesses quinze anos sobre as emoções.

Aos parceiros e sócios que tiveram a coragem de apontar para práticas da minha liderança, que não espelhavam quem eu gostaria de ser, e me abraçaram quando ficou difícil.

Aos amigos que não deixam minha mesa vazia e acolhem minhas ideias absurdas, neuroses e os risos de intimidade.

PREFÁCIO

por Ed René Kivitz

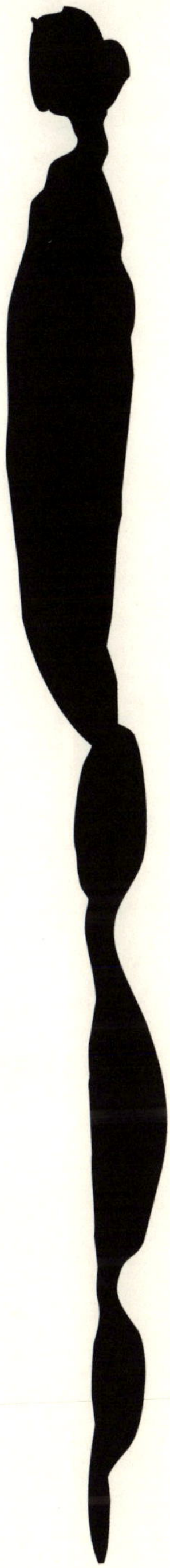

A sala era pequena e modesta, as paredes modulares, tipo aquelas divisões feitas com compensado até quase o teto e depois vidro. Não tinha ar-condicionado, apenas um ventilador que atrapalhava a conversa; barulho e vento me irritam. O espaço físico não era acolhedor, a luz esquisita, mistura de iluminação natural e lâmpada quente, deixando a sala num âmbar que remetia a algo meio decadente — pelo menos foi minha sensação. Mas aquela mulher na minha frente fazia toda a diferença para me constranger e enternecer. Sua legítima e amorosa preocupação para com seus pares gerou em mim um misto de indignação e compaixão. "Dos dez diretores da empresa, sete choraram comigo nessa última semana", disse-me ela em tom suplicante. "Isso aqui parece um inferno", lamentou. "Se parece um inferno deve ter um diabo", comentei. "Sim, é o nosso presidente", concluiu olhando de lado como quem toma cuidado.

Aquela era uma reunião de briefing na direção de um possível programa de mentoria para desenvolvimento de saúde emocional. Eu havia "recém-concluído" meu mestrado estudando espiritualidade no mundo do trabalho e estava muito motivado a estender as fronteiras da minha prática pastoral para o ambiente corporativo. O desabafo daquela respeitada e conceituada diretora de RH de uma das maiores empresas da área de saúde — isso mesmo, saúde, pasme! — abriu um buraco no meu peito. Embora eu estivesse habituado ao ambiente corporativo, e regularmente ouvisse as histórias mais surreais contadas por profissionais que me buscam como orientador espiritual, aquela era a primeira vez que a relação trabalho–inferno–diabo aparecia de maneira tão escancarada. Imaginei sete homens muito bem-sucedidos, acostumados a jogo bruto do mercado e aos desafios complexos de uma empresa no topo do seu segmento, aparentemente deixando vazar sua fragilidade, expondo sua vulnerabilidade ou simplesmente perdendo o controle diante de uma colega de trabalho — conjecturei se não projetaram na figura da mulher o colo materno, e me dei conta de pelo menos duas coisas. A primeira foi que, do alto do seu sucesso, aqueles homens talvez ainda fossem apenas meninos assustados e angustiados diante das dificuldades da vida. A segunda, foi que eu devia estar lendo muito Freud para pensar uma coisa daquelas.

Essa é apenas uma das muitas histórias — Felipe nos conta outras ainda melhores — que demonstram que as vivências no ambiente do trabalho comprovam empiricamente o que as tradições espirituais afirmam desde sempre. Nós, seres humanos, independentemente do título que ostentamos ou do degrau a que chegamos na pirâmide social, somos apenas isso, humanos. Óbvio, não é? Mas na prática, a teoria é outra. Suspeito que a maioria das pessoas investidas de responsabilidade por fazer acontecer um departamento de vendas, uma linha de produção ou a gestão de um empreendimento, se esquece dessa obviedade: somos seres passionais, controversos, incoerentes e paradoxais; somos movidos por preferências e interesses particulares; somos frágeis e falíveis; e não somos programados para produzir 24x7.

A tradição bíblica, especialmente o Primeiro Testamento, cuja origem é o mundo semita hebraico, tem como fundamento a visão holística da realidade. Enxerga especialmente o ser humano como uma unidade indivisível: corpo–alma–espírito.

O velho ditado diz que “corpo sem alma é defunto; alma sem corpo é fantasma”. Essa unidade, que chamamos ser humano, é ainda amalgamada de modo indissociável à sua origem genética, seu berço cultural e religioso, sua história, sua identidade de gênero, raça e classe social. Tudo isso, imerso na realidade circunstancial multifacetada e interdependente que compõe a teia social onde existimos e lutamos para sobreviver. Somente pessoas muito alienadas da realidade ou ignorantes acreditam ser possível separar a tal vida pessoal da vida profissional, deixar em casa os problemas de casa e não levar para casa os problemas do trabalho, não misturar trabalho com religião, não possuir antipatias e preconceitos, viver em modo altruísta, entusiasmado e automotivado o tempo todo, e não cobiçar a mulher ou homem do próximo só porque usa o mesmo crachá.

Sentimentos possíveis é um texto digno do que a tradição bíblica define como profecia: a sensibilidade para discernir os tempos, alinhada tanto com a alma humana quanto com seu contexto, inclusive transcendendo a ambos. As falas proféticas são palavras adultas da velha exclamação do menino que teve coragem de dizer o que ninguém ousava: o rei está nu. A nudez exposta em ***Solo*** é a lenda de que a racionalidade objetiva dá conta da vida, do mundo, e do empreender humano.

Aprendemos na escola que somos animais racionais. Uma pena termos nos acomodado nesse beco estreito. Além de racionais, somos carne-corpo, paixões-afetos, sonhos-símbolos, transcendência-fé. Somos seres de protestação, nada nos cabe, e em nada cabemos, pelo menos não totalmente ou não por muito tempo. A insistência no modelo de liderança baseado na performance de índole positivista: ordem e progresso em curva ascendente infinita, está há tempos ultrapassada. Os homens que choraram na sala de sua diretora de RH, muito provavelmente não eram fracos, vulneráveis, nem estavam apenas momentaneamente fragilizados. Eram simplesmente humanos. Talvez tenham se dado conta dos seus limites da pior maneira, e esperamos que não tarde demais. Os sentimentos não são apenas possíveis, são inevitáveis, pois nos são constitutivos. Sentir não é algo que fazemos, é o que somos. Nisso consiste nossa potência e nossa beleza: rir e chorar. A saúde está em experimentar cada sabor de lágrima no momento próprio e na intensidade que lhe corresponde. Quem não chora ainda não se descobriu, ou já se desfigurou. Mas felizmente existe ***Solo***.

Solo é chão, é terra, é poeira. É também solidão, ou melhor, no caso, solitude, a solidão escolhida, consciente e fértil, sem trocadilhos, solo bom. Somente na solitude, a escuta atenta é possível e generativa — se é verdade que a palavra gera mundos, a escuta os acolhe e os legitima, dando a eles lugares de existência, tanto para sua perpetuação quanto superação. Existe ***Solo***–chão, terra firme que nos possibilita novos roteiros, novas trilhas, novos caminhos. Existe ***Solo***–solitude, a possibilidade de mergulhar em si, escolher também a viagem para dentro, em busca da alma, para se reencontrar e fazer de novo, fazer diferente, voltar a ser singular e, com sorte, inédito.

O texto que você tem em mãos é uma viagem extraordinária pela alma humana, suas carências e dores, seus anseios e frustações, seus medos e angústias, suas mágoas e ressentimentos, seus sonhos e fracassos. Acima de tudo, entretanto, ao mesmo tempo e paradoxalmente, um passeio inspirador pela potência vital, bela, justa e boa que habita cada ser humano. Você vai acompanhar histórias, receber insights, e a cada página ficar de frente com a oferta de se tornar mais gente, mais humano, e porque não dizer, mais espiritual.

Felipe é um extraordinário ouvinte, um observador sensível, um cuidador amoroso de quem caminha ao seu lado. Seu brilhantismo e sua grandeza não o fazem vítima da maldição da superioridade — por isso anda ao lado, não sobre, nem adiante. O exercício da liderança exige tais qualidades. Liderar líderes, mais ainda. Dançar a música dos egos é uma arte — cada um tem seu gosto, seu ritmo, seu tom e seus decibéis. Fazer silêncio, dar passos para trás, abrir espaços, propor sem impor, instruir sem diminuir, corrigir sem humilhar, incentivar sem manipular, de fato são habilidades e competências raras, que meu admirável amigo tem demonstrado ao longo dos anos em que caminhamos repartindo a vida e os sonhos. Minha honra ao recomendar ***Solo para Liderança: sentimentos possíveis*** vai além da poesia, profundidade e provocação do texto.

Encontra sua razão no autor, **Felipe Urbano**, que tenho a alegria de chamar amigo-irmão. Mais do que a obra, uma pessoa; mais do que uma ideia, um coração; mais do que um caminho, um companheiro de viagem.

Ed René Kivitz, fevereiro de 2024.

PREFÁCIO

Prefácio à segunda edição

Não perco nenhuma oportunidade de falar sobre liderança. Penso em liderança o tempo todo, acordo com o tema habitando minha mente. Está mais para 24 horas por 7 dias do que das 08h às 18h.

Falar sobre liderança é uma necessidade sem parada. A liderança precisa pensar continuamente sobre a liderança que exerce. A corporação deve lembrar que sua liderança precisa refletir sobre seu papel porque as corporações mudam. O mundo muda, a corporação muda, a liderança tem que acompanhar, se adaptar, reaprender o que pensava saber. Então, quando tudo parece estar nos conformes, o mundo muda de novo.

Não há um momento em que a reflexão sobre liderança não seja importante, vital.

O que você tem em mãos é a segunda edição do livro. O tema de "Sentimentos possíveis" revelou-se tão importante quanto sempre foi. A primeira edição disse, a segunda confirma. Há sim um "Solo para liderança". Nesse solo muitas coisas podem brotar: reflexões, releituras, reinterpretações. Variações, mas sobre o mesmo tema: a liderança.

Todo esse ânimo se repete com um sopro de mudança. Sopro parece pouco, mas não é. Olhares atentos captariam que expressões como "a líder" ou "o líder" desapareceram do texto. Tudo foi colocado sob a designação de "a liderança".

A medida soa superficial, um capricho gramatical, mas tem um significado. Falar sobre "líder" é usar a palavra como um adjetivo, uma palavra que qualifica quem possui uma habilidade, uma qualidade. Onde está a aresta que estou arredondando? "A liderança" passou a ser usado como um substantivo. Agora é a pessoa que qualifica "a liderança", que deixou de ser um estado fixo para algo mais flexível, mais funcional, mais saudável. Em outros termos, mais humano. Naturalmente foi necessário refinar os personagens, o que fizemos.

É uma evolução importante em relação à primeira edição. Agora, "a liderança" não é um cargo ou o título escrito atrás de uma cadeira. "A liderança" é um exercício, um estado dentro de uma situação, mais gente se alternando na tarefa de construir um negócio e vendo-o velejar rápido e suave. Quando as ondas encrespam, tem mais gente para ocupar a cadeira porque tem mais time.

O livro não passou sem críticas, especialmente a que apontava "Sentimento Possíveis" como uma proposta estreita quando comparada com as vantagens da liderança humanizada. O texto mostrou que a crítica não se sustentou. Não há humanização que não passe por sentimentos humanos. "Sentimentos possíveis" veio para nos ajudar a ser mais humanos, enquanto trabalhamos para encontrar significado num mundo possível.

É uma satisfação ver o "Solo" se expandir, confirmando que é um terreno de oportunidades, oportunidades de exercer criatividade e renovar compromissos. Seu espaço já está reservado.

Felipe Urbano

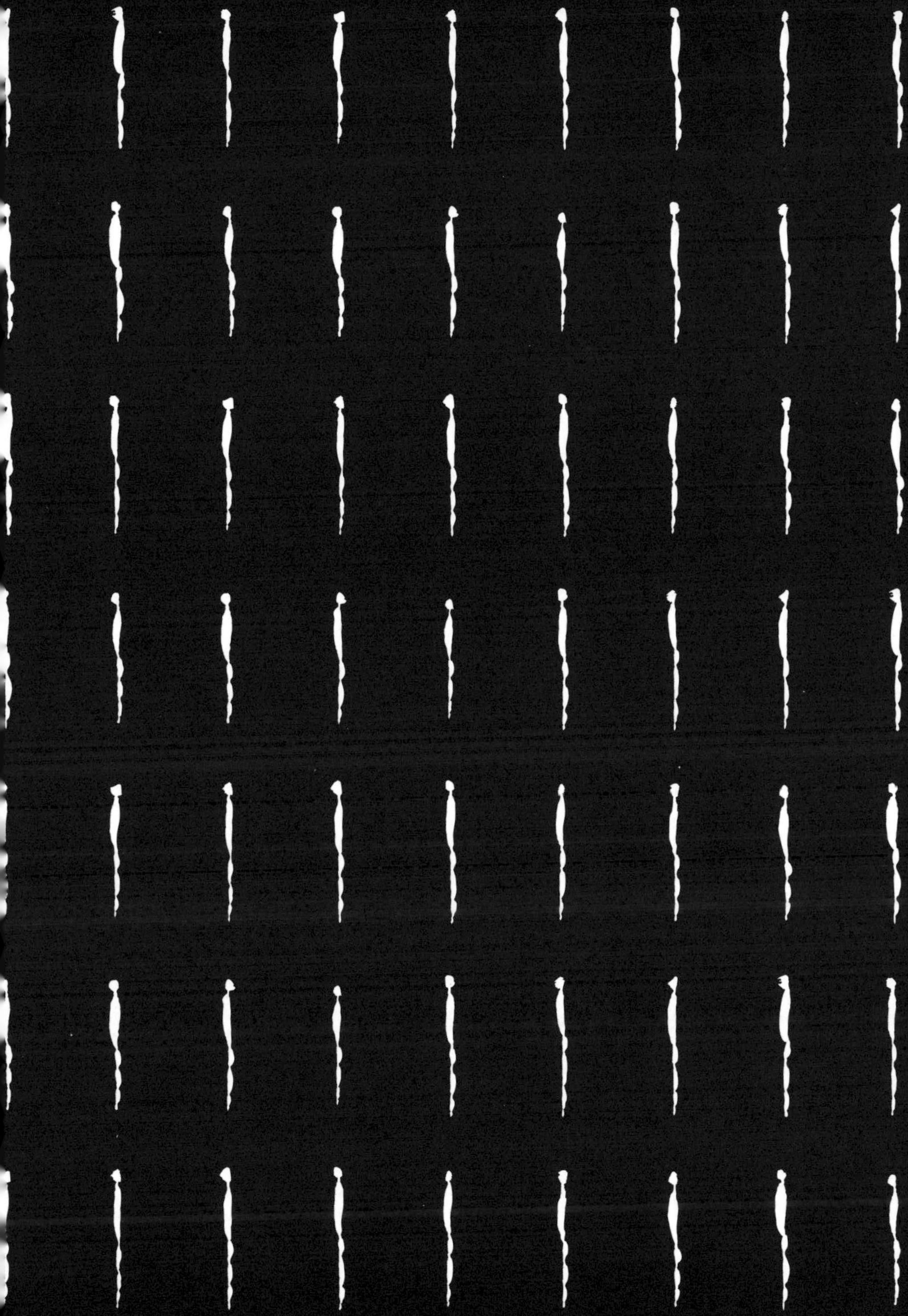

APRESENTAÇÃO

Não é possível pensar liderança humanizada, sem humanizar a liderança.

Lembro-me bem do dia em que a ideia "lideranças possíveis" me atravessou. A pandemia da COVID-19 não havia chegado, estava sentado na hora do almoço em uma mesa para dois lugares em um restaurante, em São Paulo, exercendo o que narro como meu propósito. Propósito como essa história que contamos que nos faz levantar pela manhã com mais alegria para trabalhar: desenvolver as lideranças que estão diante de mim.

Naquele restaurante, meu exercício cotidiano. Me reunir com lideranças, escutar suas histórias e tentar propor uma pergunta, uma reflexão, com sorte um conselho que ajude a caminhar melhor e mobilizar outros tantos.

Nesse dia algo diferente aconteceu. O pedido daquela liderança que já conhecia e encontrava com tanta recorrência em um projeto de uma grande empresa global não trazia o desafio em lidar com o board da organização, oscilações cataclísmicas de mercado, nem uma crise de carreira ou agenda decisória que pedia outros pontos de vista.

Não, ele queria conversar sobre o pedido de divórcio da esposa. Estava procurando "solo" para os sentimentos que não conseguia nomear.

Meus mais de quinze anos em terapia no exercício semanal de autorreflexão e pensamento sobre como tenho conduzido a vida, foi me ensinando a diferenciar o que é uma conversa de terapia e o que não é. Fui escutando a narrativa e o pedido dele para mim foi: "Felipe, eu queria sua lente sobre a situação. Sinto que observa a realidade de um jeito que ainda não encontrei eco nesse nosso mundo corporativo". Fui até onde podia, ele seguiu com a terapeuta e suas questões. Nossa relação seguiu nos anos, e encontrei um amigo onde antes havia um cliente.

A Carol, em meio àquela pantomima de dias difusos, embaçados, na mesa do almoço depois de um aconselhamento pandêmico com uma liderança, disse: "Você precisa escrever um livro sobre esse jeito de observar a liderança". Carol, falava da "minha lente".

Naquele instante, entendi que precisava escrever sobre uma lente real, provocadora e possível para defender o conceito de liderança como uma condição, um exercício para além dos métodos, cargos, papéis e ferramentas. Embora já estivesse no doutorado estudando o tema, queria mais que métodos, ferramentas, revelar caminhos para fincar o pé no solo, no chão, e propor um projeto que se inicia no que se sente e não no que se faz.

Este livro é resultado daquela conversa.
Não é um livro sobre métodos de um acadêmico no doutorado e não se propõe a dar fórmulas prontas.
É um livro de espelhamentos das muitas histórias que fui encontrando.

Ora travestidas de pseudônimos, ora reveladas em personagens fictícias que apontam fragmentos do que encontro todos os dias na direção da vida corporativa e suas extensões em ONGs. Busquei cenas cotidianas que revelam sentimento, ilustram conceitos e conversas fundamentais à vida. O gestor, a gestora, no fim, é pai, mãe, companheiro, companheira, filho, amigo de alguém. Sobretudo, sente. E como sente. Alegria, solidão, tristeza, paz, ansiedade e outros que nem sabemos nomear.

Em algum momento me perguntei: "O que eu quero com este livro?". Quero encontrar você nos personagens e abrir conversa sobre a humanidade que há no seu exercício de liderar. Um liderar que é para todos e todas e que não pressupõe ser extraordinário, inspirador, mobilizador, assertivo e todos os adjetivos triunfalistas de um tempo, mas sim, possível.

Solo: Por uma liderança possível foi web série antes deste livro com a mesma lente e a mesma cosmovisão de liderança, mas com conteúdo completamente diferente. Digo que lá estava preocupado com o fazer. Aqui, estou preocupado com o sentir. Um complementa o outro.

Ante de começar, quero reforçar que "possível" não é resignação de uma liderança que diz: "é o que dá", não!

"Possível" é a sabedoria de reconhecer limites, acessar a humanidade que há em si e observar com mais profundidade os verdadeiros espaços de contribuição entregando a liderança a outros quando necessário.

Um movimento consciente de reconhecer a liderança com a metáfora de uma cadeira vazia. Pode ter seu nome na cadeira como gestor, responsável por uma organização, mas quem verdadeiramente deveria se sentar na cadeira depende de contexto, desafio e necessidade do momento para mobilizar um grupo numa determinada situação. Ninguém lidera tudo o tempo todo, ainda que o crachá carregue o título de CEO.

Este é um livro sobre os sentimentos que nos atravessam enquanto lideramos. Cada capítulo, um sentimento com histórias que acontecem comigo, com você, com nossos filhos, amigos e com aqueles que estão à nossa volta, no mundo do trabalho.

Este é um livro para ler sem ordem, em que cada capítulo é independente do outro, sempre respeitando a estrutura: **casos não por acaso — história narradas de dentro do muro das organizações.** Diálogos, conversas registradas em fragmentos do cotidiano. Reflexões, o espaço para colocar a vida em movimento. Fragmentos , para inspirar na direção dos sentimentos éticos da vida humana.

Que seja uma jornada possível com o desejo que ocupe as conversas que realmente importam na vida, para além das que se apresentam motivadas por alguma apresentação de *Power Point*. Não aqui, não neste livro!

CAPÍTULO 1

O PESAR DOS DIAS

Os fardos fazem uma coisa perversa: eles tomam nosso tempo. Eles nos irritam, e consomem o tempo de irritar e desirritar. Eles são bolas de ferro presas ao tornozelo.

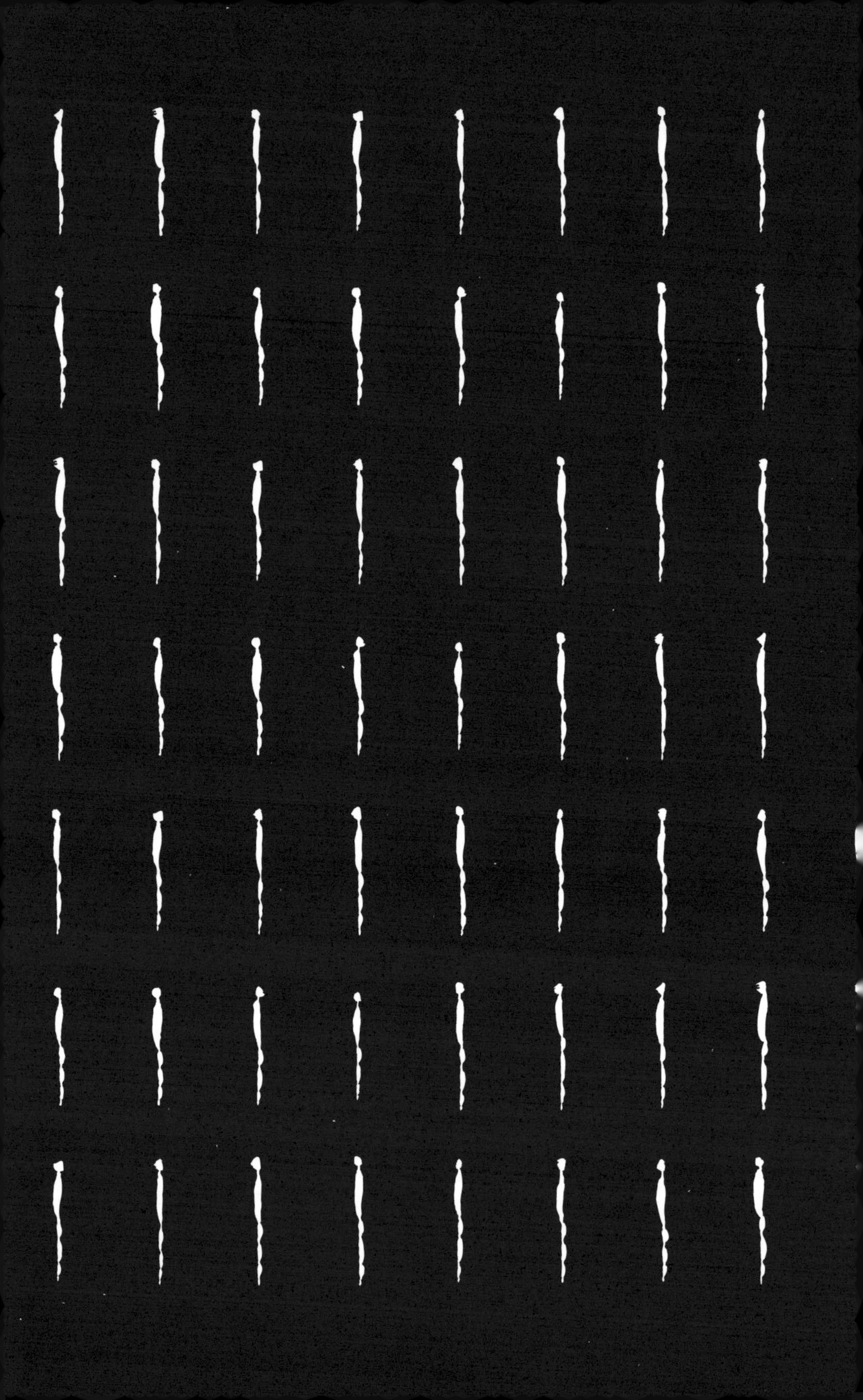

DIÁLOGO

As crianças já tinham ido dormir. Na sala apenas o abajur ligado, aquela meia-luz propícia. Sentou-se no sofá de três, no meio. Era seu momento.

Bourbon do bom no copo, bastante gelo. Presente do cunhado gente boa.

Ela passou do quarto das crianças para a cozinha. Num relance ela já sabia. Foi até a pequena adega que tinham, serviu-se de uma generosa taça de vinho e foi para a sala.

Sentou-se no lado direito do sofá de três, com as costas no braço do sofá e as pernas esticadas sobre as pernas dele. Ele ainda de social, ela de moletom felpado. Ela acabou ficando entre ele e o abajur, e o clima de intimidade aumentou. Intimidade, sexo não.

Ela perguntou.

— Aconteceu de novo?

Ele deu um gole no *bourbon*.

— É, aconteceu.

— Como é que foi?

— Tem certeza de que quer conversar sobre isso a essa hora? Vai estressar você.

— O que vai me estressar é ver você *zumbizando* pela casa. Fala logo!

Aquele silêncio de quem quer falar, mas não está conseguindo.

— É uma variação do mesmo tema. Eu ajudo todo mundo, mas não tem um santo que perceba minhas necessidades. Custa alguém perguntar: "Você está bem? Quer alguma coisa?".

— Igual da outra vez que você ficou ruim?

— É, igual. Não sei o que fazer. Só dá vontade de largar tudo e ir viver como ermitão. Porque aí, sei que vai ser só solidão mesmo, não tem nenhuma enganação.

— Bom, isso você não vai fazer mesmo, porque a gente muda junto com você.

— Sei...

— Por que você busca no seu trabalho o que você só consegue obter de mim e dos seus amigos?

— Porque sou um tonto. Não dá para esperar demais das pessoas. Mas o que quero é pouco, é alguém que se preocupe comigo de vez em quando, porque as pessoas só pedem, só pedem. Elas querem ser afirmadas e reconhecidas o tempo todo, mas não fazem nem uma fraçãozinha disso para mim.

— Elas não dão, provavelmente, porque não têm para dar. Você com seu jeito de pessoa corajosa e confiável passa a ideia de força. Provavelmente as pessoas do seu trabalho pensam: "Eu, ajudar o César, nem pensar. Quem sou eu?".

— Quer dizer que essa é uma maldição por causa do meu sucesso? Quanto melhor fizer meu trabalho, mais solitário eu fico?

— Eu não sei se diria maldição, mas, é sim, uma decorrência do seu trabalho. Os que respondem para você não cuidam de você porque não se julgam capazes. Aqueles para quem você responde não cuidam de você porque você é automotivado e não dá trabalho. Não é lá que você vai encontrar o que procura.

— Bom, lembro da última vez que fiquei assim. Já faz um ano. Você lembra disso tão bem assim?

— A gente vai comendo sal junto e vai conhecendo o eleitorado.

— "Mais valorosa do que pedras preciosas é a mulher sábia, que edifica sua casa...". Eu voto em você.

— É bom mesmo, mesmo porque sou eu quem conta os votos.

— Será que nunca vou me livrar destas crises?

— Considerando que você tem uma dessas por ano, mais ou menos, acho que é perfeitamente aceitável. E no fim, você não precisa ficar carente. Eu estou aqui.

— Isso é verdade. Às vezes, fico com medo de você sair para fazer alguma coisa e não voltar nunca mais.

— Isso foi o que sua mãe fez, já faz muito, muito tempo. Toda minha felicidade está dentro dessa casa.

— Tudo dentro dessa casa...

— Isso.

— O que você pretende fazer para ajudar o carentão aqui?

Virou metade da taça de vinho, colocou na mesinha ao lado do sofá.

— Já vou aí.

— Ei... eu sei o que acontece quando você bebe vinho deste jeito.

Lentamente se levantou, só para sentar-se no colo dele. Deu-lhe um beijo macio como um caloroso “seja bem-vindo”.

— Mas e as crianças? Se elas acordarem?

— O bom Deus cuidará delas. Agora pare de falar.

Intimidade sim. Sexo também.

Um corpo no outro.

Não teria que carregar o mundo sozinho.

CASOS NÃO POR ACASO

Jéssica

Jéssica é negra. Identificada logo na infância como uma criança diferenciada, ela teve chance de se desenvolver. A família apoiou todo o estudo que poderia ter, confiando na professora do primário, que identificou nela um potencial evidente, a facilidade com os números e análises de problemas complexos.

Jéssica começou sua vida profissional e foi galgando posições, como era de se esperar de uma menina prodígio. No começo, eram apenas as chateações a que todos estão submetidos numa corporação. O problema dela começou quando chegou à gerência. O que realmente se transformou num fardo para Jéssica foram os costumes, as situações sociais tão estranhas a ela e à sua realidade em casa.

Agora, além do trabalho, Jéssica tinha de se preocupar com a roupa que vestia e com os acessórios. Ah sim, e com as viagens nas férias e nos feriados. Jéssica gastava mais com essas coisas, que considera supérfluas, do que com as coisas de que ela gostava, e com seus próprios caprichos.

O ambiente social em que agora estava inserida pedia mais. E ela, que nunca gostou muito de salto alto, agora precisava usá-los.

Agora é medida de alto a baixo para ver se está nos conformes daquela porção da empresa. Na verdade, ela é medida de baixo a alto, pois a análise começa pelos sapatos. Sem saber direito o que fazer, entrou no jogo e começou a comprar os sapatos que "ornavam" com sua posição. Ela precisou comprar sapatos em diversas parcelas, porque o salário de gerente não dá para encarar estes desafios à vista.

O que aconteceu com a mochila bacana que ela usava para carregar o *notebook* e seus trecos? Parecia tão adequado e prático, e nunca Jéssica teria imaginado que agora, sendo gerente, seria pressionada socialmente a comprar bolsas chiques. Não apenas bolsas bonitas, bem-feitas e duradouras: o jogo agora são bolsas de marca. Jéssica, que nunca fora de marca, ficava se sentindo entre dois males. Queria voltar para seus problemas e suas contas complexas, mas sabia que não podia. Agora precisava ostentar um padrão de vida que nunca fez parte de suas ambições.

Jéssica entrou no jogo por se ver sem outra opção. Comprou a bolsa que lhe conferiria o *status* adequado — era assim que se falava no departamento. Parcelou em muitas vezes a bolsa que valia muitas de suas mochilas. E olha que a mochila dela não era barata.

E assim foi. Depois de um tempo foi a pressão por um *tailleur* bem cortado. Uma joia não fazia mal, não é mesmo? E não tem fim esse negócio.

— Você já viu a nova coleção de bolsas e sapatos de outono-inverno? Tá tudo lindo.

E as prestações das compras anteriores ainda estão na metade.

Ah sim, tem também as viagens.

— Para onde você viajou nas férias? Nem colocou nada no "fêici"!

— Fui para Paris com a família, e na volta parei nos Estados Unidos para ver o Mickey.

Notável como "Paa-riss" é dito com todas as letras. E "Dis-s-neey!".

Jéssica queria mesmo ir para uma pousada em São Tomé das Letras, fazer umas trilhas, levar a prima querida junto, que não podia pagar nada, a coitada. Agora sentia que tinha que deixar três salários para conhecer Paa-riss e outro salário só para comer num restaurante que tinham indicado.

— Menina, você tem que ir lá. Você não sabe o que é viver se não for!

Fardo. Carregar um monte de coisa estranha a você e ao seu trabalho porque "todo mundo faz isso".

Fardo. Ela não precisa de nada disso. E teria muito bons usos para o dinheiro desperdiçado em convenções sociais.

Fardo. Isso. Um fardo.

Nicolas

O fardo de Nicolas não é se sentir isolado e solitário. Também não tem o fardo da Jéssica: ele só se arruma um pouco melhor quando tem reunião na associação. O fardo de Nicolas é ter sangue de empreendedor em meio a sangues menos velozes.

"Encostado" pode não ser uma palavra precisa. O povo que cerca Nicolas acorda antes de o sol nascer, e ao meio-dia parece que já foi um dia inteiro. O mundo agrícola é um mundo puxado, reservado para quem gosta da lida.

Essa lida envolve fazer a mesma coisa muitas e muitas vezes. Verificar o sistema de irrigação. Olhar a plantação e ver se há alguma praga ameaçando a produção. Ir ao banco e ver como anda o financiamento rural. Olhar para o céu e ver ser haverá chuva de mais ou de menos, e se a chuva será na época certa, e ver se não vai atrapalhar com o trabalho da irrigação. Checar a estufa com as mudas de café, que é o caso de Nicolas, uma vez naquele solo o que vai bem é uma espécie que ele descobriu com a ajuda da Embrapa. Olhar os preços das sacas no mercado nacional e internacional. Acompanhar as propostas para a construção de uma pista de pouso e decolagem para exportação.

Pista para exportação? Isso. É assim que funciona a mente de Nicolas. Ele sonha e empreende.

A fazenda de Nicolas está na família há quatro gerações acumulando experiência e muitos sucessos. Houve uma época em que Nicolas se sentiu tentado a deixar tudo e ir ganhar a vida na cidade grande, mas essa ideia teve vida curta. Depois de pensar e consultar os mais velhos, percebeu que ele tinha tudo o que queria na fazenda. Sentiu a força da terra, sentiu cada pequena felicidade dos brasileiros que não dispensam um bom café, sentiu nas mãos a muda virando um pé de café em plena produtividade.

Ele fez o que achava óbvio. Primeiro, se atualizar com todos os índices da fazenda e com as finanças. Depois, inventou novos índices, mais precisos. Quando sentiu a fazenda nas mãos, sentiu vontade de crescer. Fez o que pôde, mas ainda havia terra que poderia produzir mais café. Demanda sempre houve, por aqui mesmo ou lá fora.

Ficou pensando se outros produtores da região, que não passavam de conhecidos distantes, também tinham o mesmo questionamento. Naturalmente, ele fez o que achava óbvio: foi conversar com todo mundo. O roteiro era o mesmo. Ele chegava, era recebido com respeito e alegria. Tomava um cafezinho passado na hora. Então ouvia as infalíveis histórias sobre seu avô e outras pessoas da família. Quando a conversa encurtava, ele, com muito tato, colocava a questão de uma melhor gestão das terras. A esta altura já conhecia bem o assunto. Com seu sincero charme, ganhava corações e aprovações. E nenhum proprietário se incomodaria com o prospecto de uns dólares a mais, certo? Já estava crescendo.

Ele criou uma associação de produtores da região, por onde vinham especialistas e mudas diferentes para pesquisa. Estava cheio de energia por conta das perspectivas. Criou pela associação um consórcio de tratores e implementos para modernizar o manejo. Agora estava na hora do seu sonho maior: a pista de pouso e decolagem. Os grãos ou produtos acabados iriam direto de cargueiros para os Estados Unidos, Europa e China; mais o barracão refrigerado e o porto seco, tudo ficaria perfeito. Todos na associação estavam alvoroçados.

Aqui entra o fardo de Nicolas. Ou ele empreendia, ou nada aconteceria. Existia um motivo pelo qual pouca coisa tinha sido feita até ele começar sua atuação: o pessoal da região, a começar da sua fazenda, era encostado. Não o "encostado" de preguiçoso, nada disso. A lida no campo é pesada, repetitiva e, às vezes, infrutífera. Eles faziam o que aprenderam com os pais, que tinha aprendido dos avós. Trabalhavam muito, mas não progrediam. Ficavam felizes com uma boa safra e pronto.

Um dia, depois de quase cinco anos de trabalho incansável, Nicolas quebrou. Começou a ter vontade de chorar sem motivo aparente. Não queria mais acordar cedinho e começar a sonhar os sonhos que queria implementar. Depois de uns tempos, Nicolas entendeu tudo. Ele estava cansado de empreender sozinho.

Empreender cansa porque sonhar cansa. Ter ideias e contar com as pessoas é um terreno instável para quem vai na frente.

Conversou muito com o pai, homem experiente em fazendas e fazendeiros. Ouviu que os fazendeiros não fariam nenhuma mudança sozinhos, só com ele capitaneando as transformações. Se ele parasse, tudo pararia. Nicolas sentiu todo o fardo de seu empreendedorismo.

Tirou férias, coisa que não fazia há tempos. Levou a família para conhecer o Mickey; os pequenos adoraram. Tirou uma semana só para dormir. Leu romances, levou a esposa ponta firme, para jantares chiques e viagens de fim de semana. Prometeu a si mesmo passar mais tempo com a família. Retomou amizades antigas, riu bastante com as histórias que não conhecia. Ele se recompôs.

Descobriu que estava na hora de voltar quando começou a sentir falta da terra na mão, sentiu um incômodo de não estar "fazendo nada". Pensou na pista para os cargueiros, ainda por fazer, e sentiu uma energia boa fluindo pelas veias. O empreendedor tinha voltado.

E a pista ficou um brinco.

REFLEXÕES

O fardo que cada um suporta é determinado socialmente. O fardo de Jéssica é um, o de Nicolas é outro. Poderia ser o fardo da solidão na liderança, poderia ser trabalhar numa empresa que prejudica as pessoas em nome de um pontinho a mais de rendimento.

Os fardos fazem uma coisa perversa: eles tomam nosso tempo. Eles nos irritam, e consomem o tempo de irritar e desirritar. Eles são bolas de ferro presas ao tornozelo.

É como na frase de José Mujica, ex-presidente uruguaio: "Estamos perdendo tempo" e que o Amyr Klink endossaria com o tema de seu livro: "Não há tempo a perder".

Se é preciso identificar bem qual é o arranjo social que cria seu fardo, também se faz necessária outra tarefa: descobrir o quanto seu comportamento social define o fardo para outros. A via é de mão dupla.

Descobrir como o outro nos vê é uma tarefa complicada. Depende de uma empatia significativa e coragem para admitir as imagens que não agradam. Existe uma história antiga que pode nos ajudar nesta tarefa, que ficou conhecida como "A espada de Dâmocles".

Conta-se que Dâmocles era membro da corte de Dionísio. Dâmocles era fascinado pelas coisas boas e pelos prazeres que encontrava na corte de Dionísio. Um dia, não se conteve e disse isso em boa voz para o próprio Dionísio: "As mulheres lindas, disponíveis, os tecidos mais finos, as melhores comidas, o melhor do melhor". Disse que Dionísio era certamente o homem mais feliz da terra.

Dionísio não se impressionou muito com a admiração de Dâmocles e lhe propôs uma troca temporária de papéis. Por um dia, Dâmocles teria tudo o que Dionísio tinha. Dâmocles imediatamente aceitou a proposta, certamente disposto a fazer valer cada minuto daquele dia.

Assim que pôde, Dâmocles começou a desfrutar das delícias da corte. Queria aproveitar ao máximo, no melhor estilo *carpe diem*. Foi assim durante umas horas. Em algum momento Dâmocles olhou para cima e viu uma espada pairando sobre sua cabeça, segura por apenas por um fio de crina de cavalo. Imediatamente perdeu a espontaneidade e o vinho já não lhe descia pela boca. Agora não havia fome que o convencesse a comer da comida maravilhosa que estava servida em abundância. Parou de notar as beldades que desfilavam graciosamente na corte. Tudo o que importava era não se mexer para que a espada não caísse sobre sua cabeça.

Nesse momento Dionísio falou com Dâmocles.

— Você vê todas essas coisas boas que admirava e aproveitava quando pensava em mim como o homem mais feliz da terra? Pois bem, essa espada que está sobre sua cabeça é como eu me sinto. Preocupado com as questões do reino, penso que posso ser traído por qualquer serviçal disposto a colocar um veneno na minha comida. Uma tramoia entre meus generais ou entre minha família pode me condenar ao degredo. Uma aliança de meus inimigos pode rapidamente me tirar o trono. Alguém com acesso ao palácio pode colocar uma cobra venenosa na minha cama, enquanto estiver dormindo, ou pode cortar minha garganta sem chance de defesa. Como você pode ver, Dâmocles, apesar de tudo o que tenho, sei que são as coisas que posso perder de um momento para outro.

Toda gerente capaz, todo empreendedor corajoso tem uma espada de Dâmocles sobre sua cabeça, ameaçando com uma queda rápida e dolorosa.

Como seria essa queda? Depende. Pode ser a solidão, o luxo desnecessário ou o cansaço de sonhar sozinho.

Por que é preciso saber qual é o seu fardo e saber também para quem você é um fardo? Porque vai servir como orientação na hora de lidar com sua equipe. São duas dimensões da vida corporativa que proverão mais informações para você.

Mais uma pergunta. Essa pergunta já foi feita: de quantos amigos uma pessoa precisa? De um. Quem tiver a mais é lucro, grande lucro. É esse amigo fiel que servirá de terra para o seu fardo. Algumas pessoas encontram esse amigo dentro de casa: marido, esposa, pai ou mãe. Ou uma amizade próxima que durou após a faculdade. Você sabe em quem pode confiar, você sabe em quem pode descarregar o fardo.

Por fim, ajuda bastante estar ciente dos custos pessoais, dos fardos da sua atuação. Sinta, interprete bem o que diz aquela pressão insistente no peito e prepare-se para matar seus leões. Talvez, assim, você aprenda a enfeitiçá-los em vez de matá-los.

Uma liderança que inspire leveza nos dias pesados.

FRAGMENTOS

E quando o nó cegar
Deixa desatar em nós
Solta a prosa presa
A luz acesa
Já se abre um sol em mim menor
Eu sinto que sou um tanto bem maior

PENA, FERNANDO ANITELLI

Esse é nosso mundo.
O que é demais nunca é o bastante.

TEATRO DOS VAMPIROS, LEGIÃO URBANA

Estava aprendendo muitas coisas. Batalhava, apesar do medo e das adversidades, para melhorar a vida dos trabalhadores com quem compartilhava o fardo. Era admirado e respeitado até pelos mais velhos.

TORTO ARADO, ITAMAR VIEIRA JUNIOR

É sempre na recusa da visão direta que reside a força de Perseu, mas não na recusa da realidade do mundo de monstros entre os quais estava destinado a viver, uma realidade que ele traz consigo e assume como um fardo pessoal.

SEIS PROPOSTAS PARA O NOVO MILÊNIO,
ITALO CALVINO

Muitas pessoas cometem deslizes pela incapacidade ou indisposição para adotar novas ideias. Também tenho visto sucessos que se tornaram em fracassos, pois o pensamento que deveria ser treinado em coisas grandes fica desarranjado com o fardo que representa o detalhe das coisas pequenas.

PHILIP DELANEY

Deixa-te de frivolidades, comporta-te de acordo com a tua posição, a nossa posição. Estou falando sério, não me tornes ainda mais pesado o fardo que carrego, tendo que estar à frente de todos os negócios, sem um minuto de descanso ou sossego.

VIVA O POVO BRASILEIRO, JOÃO UBALDO RIBEIRO

CAPÍTULO 2

ALEGRIA QUE ROMPE O COTIDIANO

Atentos a esses contentamentos, nos pequenos hiatos da vida, sorvendo deles significados, damos o valor exato para a alegria arrebatadora: a promoção que viabiliza o sono, encontrar sua meia alma e sentir-se inteiro.

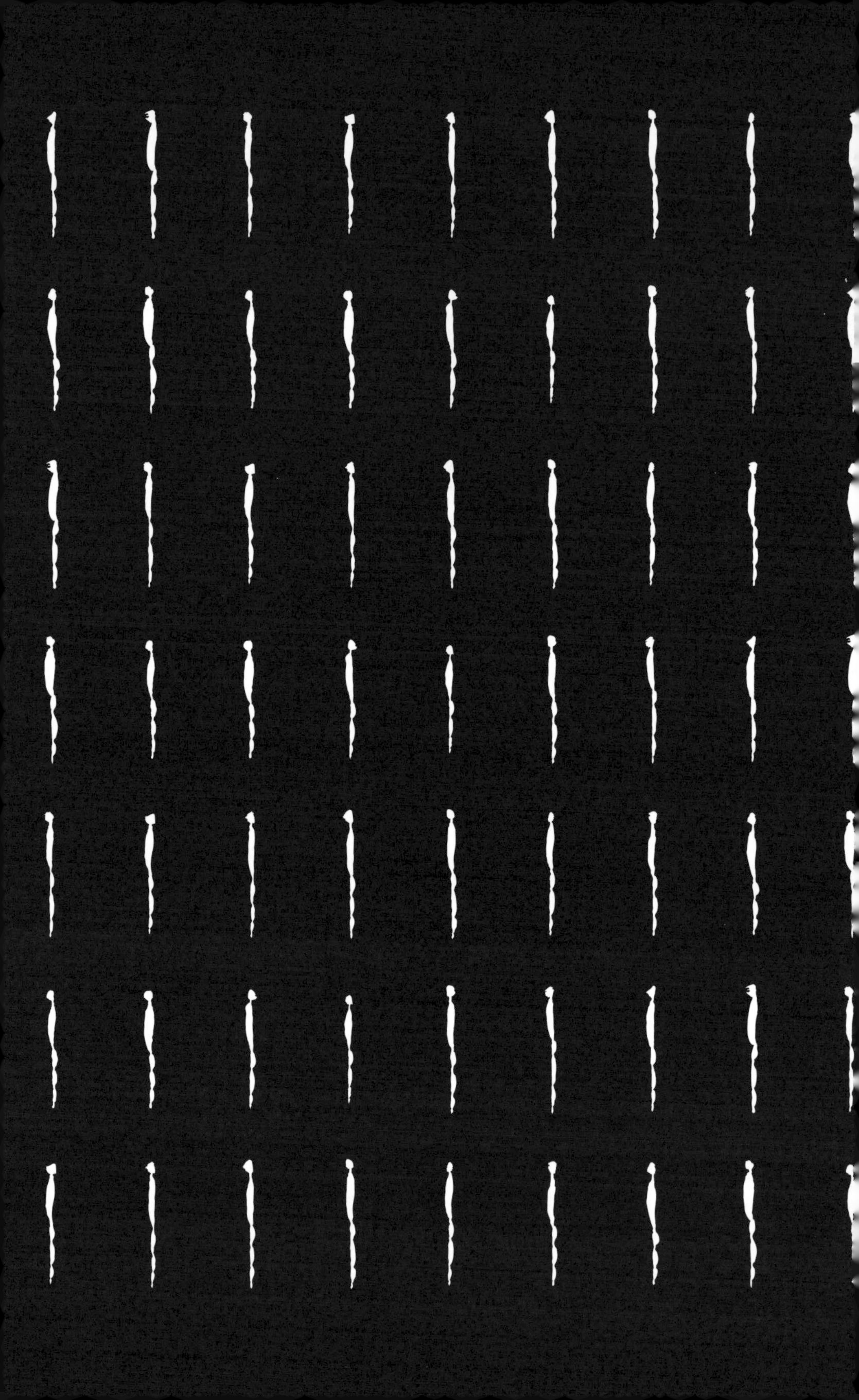

DIÁLOGO

— Eu estava assistindo àquele seriado e ouvi o cara falar uma coisa bem bonita.

— O que ele disse?

— Que a gente deseja tanto a alegria de verdade, aquela alegria borbulhante, que acaba optando por uma vida cinza, só para não se machucar demais. Como se fosse melhor não ter alegria em vez de ter alegria e depois a perder. Entende?

— É, é uma escolha quase impossível de fazer, mas é bonito.

— Você tem esse sonho de ser feliz o tempo todo, viver de modo esfuziante?

— Vontade eu tenho, mas não sei se dá pé nesse mundo maluco que a gente vive.

— Deixa eu entender, então. Você prefere uma vida toda cinza porque não dá para ter uma vida toda alegre. Afinal, alegria de verdade é mercadoria rara.

— É mesmo.

— Você acha que fomos criados para a alegria?

— Hum, eu não sei se fomos criados. Acho mais que somos um feliz acidente da natureza.

— Feliz acidente?

— É, não sei se feliz é a palavra mais adequada, também não sei se sou assim tão alegre, mas gosto da vida.

— Você já passou por alguma alegria esfuziante?

— Acho que quando meu filho nasceu. Aquele pacotinho nos meus braços me mandou para outra esfera da existência. E você?

— Foi quando meu irmão sobreviveu a um acidente de carro muito grave. Os cirurgiões avisaram que a situação era bem grave. Ele poderia ficar na mesa ou sobreviver com muitas sequelas. Ele sobreviveu à cirurgia e ficou sem sequelas. Foram meses muito intensos.

— Putz.

— É... que coisa, não?

— Estamos indo longe nessa nossa filosofia.

— Essa conversa está deixando você alegre?

— Eu tenho a vaga noção de que a vida sem reflexão não é digna de ser vivida. Foi o que eu li em algum lugar. Achei bonito.

— Lá vem você com essa história de bonito.

— Ué, tem coisa importante que é bonita também.

— Você acha que a felicidade está nas coisas profundas e belas?

— Hum... Eu nunca pensei desse jeito, mas faz sentido para mim. Quantas coisas profundas e belas você conhece?

— Agora você me pegou. Não consigo me lembrar de um exemplo.

— Você disse que a primeira citação estava no episódio de uma série. E a segunda citação, você lembra de onde tirou?

— Foi de um romance que eu li. Fiquei impactada com a frase.

— Será que sua alegria, seu conhecimento não vêm da arte? Dizem que a arte pode mexer muito fundo em uma pessoa.

— De novo, não tinha pensado desse jeito, mas, de novo, faz sentido.

— Parece até que a gente precisa estar em sintonia com o universo para ser feliz.

— Parece mesmo. Será que existe um jeito de entrar nessa sintonia mais vezes? Descobrir como o universo funciona para ajeitar as coisas para nós.

— Pode ser. Me escapa completamente o como. Que eu saiba o cosmos não tem um painel de controle. E, se existir um painel desses, não acho que estaria acessível para nós.

— O que nos deixa num beco sem saída.

— Talvez não. O que é alegria, felicidade? A gente sempre volta a essas perguntas.

— Eu sei o que é, mas não sei explicar.

— Não tem nenhuma citação bonita de um filme?

— Ora, deixe de sarcasmo. Eu sei o que sinto quando estou alegre. Acho que isso nos basta.

— Não seria uma "explosão de júbilo", "ou uma faísca de vida brilhando", ou "uma ventania que cobre e toma meu ser?".

— Nossa, de onde você tirou isso?

— De uns livros aí. E de um amigo que gosta de citações.

— Acho que "explosão de júbilo" eu só senti quando meu irmão sobreviveu à cirurgia.

— E eu quando peguei meu filho no colo pela primeira vez.

— Probleminha é que é raro de acontecer. Será que não tem um jeito de acontecer mais vezes?

— Não tem não. Talvez o melhor mesmo seja nem alimentar expectativas.

— O que nos joga para o início. A gente vai suportando o cinza da vida porque é melhor do que experimentar a alegria.

— Aí é outro beco sem saída. Acho essa uma solução muito ruim. A vida cinza vai matando a gente por dentro. Você não acha?

— Colocado desse jeito, concordo com você.

— Eu tenho um livro de citações. Vamos procurar por alegria.

— Isso, boa ideia.

Após alguns minutos.

— Aqui tem uma boa: "Alegria não é felicidade, é contentamento".

— Eu achei outra aqui: "A felicidade é feita das pequenas coisas da vida". Peguei no celular.

— Então...?

— Talvez a gente possa dizer que a felicidade seja feita de contentamento com as pequenas coisas.

— Coisas pequenas? Quais?

— Quando meu irmão voltou a mexer o dedão do pé.

— Quando meu filho, bebezinho de tudo, segurou um dedo da minha mão com a mãozinha dele.

— Enche a gente de contentamento, não enche?

— Ô se enche.

— Foi muito mais forte quando meu irmão não ficou na mesa. Funcionou, mesmo que eu não tivesse esperança. Mas foi um momento significativo, ele moveu o dedão do pé pela primeira vez.

— Não foi o mesmo que pegar meu filho no colo pela primeira vez, mas aquela mãozinha segurando meu dedo causou uma enorme ternura.

— Então, o contentamento pode estar num copo de vinho?

— Num copo de vinho de preferência bem-acompanhado.

— Ou só bem-compartilhado se não tiver vinho.

— Como nós aqui conversando sobre as coisas importantes da vida.

— Isso mesmo.

Abraçaram-se.

Felizes.

CASOS NÃO POR ACASO

Fernanda

— Se a Fernanda não sabe resolver, ninguém sabe.

Fernanda é aquele tipo de pessoa que já viu de tudo. Quer dizer, ninguém vê tudo, mas se ela não viu igual, viu parecido. Seus 25 anos de carreira corporativa lhe deram essa cancha. E lhe deram muito valor de mercado.

Isso significa que, quando uma empresa decide contratar a Fernanda, já está disposta a aceitar suas indiretas condições. Uma delas: “Se eu for, levo minha equipe”.

Claro que essa condição se refere a seu desempenho, com pessoas comprovadamente competentes em seus postos de confiança. Fernanda consegue se balizar para consertar o que quer que seja. Ela não precisa criar uma equipe de alta performance para o núcleo alvo de sua atuação. Ela aplica uma alta performance que já existia, pois já foi testada e aprovada pelas agruras da vida corporativa.

E se você descobrir que esse motivo, por melhor que pareça, não é o principal motivo para Fernanda andar com sua equipe? Só performance já seria muito bom. Só que, para ela, a performance é indispensável, mas não é suficiente.

Fernanda carrega a equipe, porque a equipe é composta de pessoas de quem ela gosta. Para ela, a competência e a performance são a cereja do bolo. O bolo é o prazer de trabalhar com amigos.

Os desafios profissionais que conhece tão bem adquiriram, ao longo do tempo, uma coloração cinza, um tom opaco de mais-

-do-mesmo. É o que ela faz, mas não é onde suas cores vibrantes estão, sua paleta de prazeres pessoais, sua gradação de bom gosto diária. É abrir uma porta e ver um amigo, é abrir outra porta e ver a madrinha de batizado de seu filho, é abrir ainda outra porta e saber que é aquele amigo que conhece seus momentos de excesso e, ainda assim, continua amigo para sempre.

No início foi o desempenho, que gerou a amizade, e o desempenho ficou num honroso segundo lugar. Os amigos são seu arco-íris, sua paleta de cores e vibração.

Talvez seja esse seu principal sucesso, o de poder carregar suas cores para onde vai.

Aldo

Aldo é um conservador. Embora "conservador" seja considerado por muita gente como sinônimo de "chato", a vida de Aldo está longe disso. Na cabeça dele o trabalho duro e a família são seu mundo. Não o mundo que recebeu, mas o mundo que escolheu construir. E construir um mundo pode ser difícil e desafiador, mas chato não é.

Numa família humilde há comida, bebida e roupa lavada. Há pouco chocolate, parques de diversão e pouco cinema. De família humilde, Aldo sabia que o trabalho seria uma saída para si e um alívio para a família.

Foi trabalhar numa quitanda perto de casa. Em um ano, obteve a primeira conquista: comprou um videogame com o próprio dinheiro. Nas horas de videogame constatou muitas coisas em inglês. As letras conhecidas em ordens esquisitas o deixavam encafifado. Fez curso de inglês, comprou dicionários e dominou a sequência outrora estranha das letras. As coisas começaram a fazer sentido, trouxeram significados e mostraram a Aldo que ele só não faz o que não quer. Seu inglês competente, como era de se imaginar, foi decisivo para ele se projetar no trabalho. O que começou com um videogame tornou-se uma poderosa ferramenta corporativa.

Então fica assim, Aldo é competente e trabalhador. Sai do trabalho e volta para casa onde, claro, também moram esposa e filho recém-nascido, seus amores. No domingo costumeiro, aparecem os pais para ver o filho e o netinho. Domingo é dia de ir à casa de Aldo. Lá é o epicentro de segurança e afeto. Uma base de bem-estar e significado.

Agora que Aldo foi colocado pela primeira vez numa posição de liderança na corporação, ele fará o que melhor sabe fazer: dedicar-se, preparar-se e viver desafios com trabalho duro e competência.

Sim, Aldo é conservador. Ele sabe, como poucos, criar um clima de dedicação, seja à família que ama, seja na corporação que o desafia. Quem chama isso de "chato" não conhece o valor do afeto sempre presente. Da segurança de sempre ter um lugar aconchegante para voltar. Não é pouca coisa.

Para ele, conservador é o novo *cool*.

REFLEXÕES

Happiness is a warm gun é uma música dos Beatles, e traduzir esse título é como desvendar uma pegadinha porque usa uma gíria inglesa da década de 1960: *warm gun*, que não faz sentido nenhum quando traduzido literalmente.

Ficaria "arma aquecida", "arma calorosa" ou "arma acolhedora". Não faz sentido.

Warm gun pode significar a boa sensação que algumas pessoas sentem quando disparam armas. No entanto, esse não deve ser o sentido primeiro, uma vez que nada na letra de música indica armas de verdade disparando projéteis reais.

A solução mais bem encaixada deve estar na segunda acepção de *warm gun*: uma seringa com heroína dentro. Em inglês, tomar uma injeção é *to get a shot*, que pode também ser traduzida por "tomar um tiro". Então, pode-se dizer com segurança que *warm gun* é uma "seringa com heroína", prestes a dar um *shot* no braço de alguém.

É possível ir além. A heroína funciona bem para pessoas tristes e ansiosas, não à toa, uma série em uma plataforma de streaming, associou o uso de oxicona com heroína e o uso para aliviar a dor física e da existência. Ao contrário da cocaína, que acelera a mente e focaliza o cérebro, a heroína cria uma sensação mais difusa de leveza e euforia, de torpor. Uma indicação mais forte de que estamos falando de alguma droga é o verso: *need a fix 'cause I'm going down*, o que significa "preciso de uma dose porque estou ficando deprê".

Warm gun significa qualquer coisa que acabou de ser usada, como uma arma que acabou de ser disparada. Como quando uma pessoa se sente *warm*, "aconchegada" por usar uma droga que a faz esquecer a depressão.

Traduções à parte, a questão é que a alegria não cabe na ideia de ficar chapado por causa de uma tristeza ou depressão. Seria o mesmo que dizer que só os usuários de heroína podem se alegrar. Além disso, usar heroína é uma solução forte demais para ser praticável para quem quer viver alegre. Todos sabem que, a médio prazo, as drogas tiram muito mais do que proporcionam, então essa não é uma solução viável.

Tem que ser algo não tão intenso quanto as drogas, e igualmente saudável. Talvez uma alegria mansa, que vários chamam de contentamento.

Se a alegria, na verdade, é contentamento, talvez possamos *caetanear:* "sem lenço, sem documento, nada no bolso e nas mãos. Por que não?".

Contentamento pode ser as pequenas alegrias, como ganhar um beijo inesperado, um sorriso não planejado, a proverbial taça de vinho, apertar a mão de alguém e ganhar um abraço, o filho pequeno desenhar você como uma pessoa fortona ou como a mulher maravilha, ir sem compromisso na casa de um conhecido e se embevecer com a vista do apartamento, o *happy hour* que aconteceu sem ser combinado, a leveza de algum almoço corporativo, encontrar o amigo querido na farmácia que também estava comprando fraldas, o cheiro do café, ganhar um micro-ondas no sorteio do supermercado, ver aos quarenta anos que sua calça do exército ainda serve, "encontrar *tupperware* que a tampa ainda encaixa" como diz o Emicida, a música tocando no elevador igual a que você cantarolava na sua cabeça, a calça que veste bem de primeira, a joaninha que pousou no seu dedo quando estava chorando e voou quando o choro acabou, beber água fresca num dia quente de verão, terminar de montar aquele quebra-cabeça de um milhão de peças, diminuir em um minuto seu tempo nos 10k, ouvir o concerto que fez você tilintar por dentro, usar aquele lápis de estimação que parece libertar sua imaginação, ver sua coleção de tampinhas completada, o sol fazendo questão de te abraçar, o barulho do mar, aquele tapinha nas costas que vale mais do que cem elogios, a piscada disfarçada que te põe no jogo, a brisa fresca que sopra depois do sol e que dá uma sensação agridoce na pele, aquele frio na barriga que dá quando a gente desce o tobogã, encontrar dentro de um livro antigo aquela pétala de rosa que você ganhou quando estava sendo paquerada, ganhar como lembrança o relógio que era do seu avô, ir ao shopping e encontrar sua vaga preferida te esperando, comer Nutella lambendo os dedos, ver aquela pessoa que te dá uma sensação de segurança, o cachorro no parque que vem na sua direção e se esparrama todo para ganhar um carinho, o cheiro de carro novo, encontrar escrito no palito do sorvete "você ganhou outro de brinde", o macio do pelo de gato passando na palma da mão, a paçoca com gosto de infância, a música da TV Colosso que você ainda sabe de cor. Ganhar um abraço depois de um longo tempo de hibernação afetiva.

E então, atentos a esses contentamentos, nos pequenos hiatos da vida, sorvendo deles significados, damos o valor exato para a alegria arrebatadora: a promoção que viabiliza o sono, encontrar sua meia alma e sentir-se inteiro.

Como um raio de vida
Como um louco a gritar
Uma faísca da vida brilhando
Um amor furioso em mim
Mágico sentimento

ALEGRIA, CIRQUE DE SOLEIL

Albert Camus falou sobre o vento do absurdo como um mal-estar no meio do dia. A alegria é o oposto disso. É a brisa do contentamento.

Uma liderança contente é aquela que aprender a apontar para a belo, o bom e o leve.

FRAGMENTOS

"O Circo", uma melodia quase
lírica, conta a manjada história de um
palhaço triste rejeitado pela bailarina,
aquela falsa alegria que se nota
nos personagens do picadeiro.

RIA LEE: UMA BIOGRAFIA, RITA LEE

As cigarras perseveram-se a estridular
e vim vindo, de cabeça baixa, sem
apreensões, cheio de esperanças,
exuberante de alegrias.

RECORDAÇÃO DO ESCRIVÃO ISAÍAS CAMINHA,
LIMA BARRETO

(Ele) que lhe proporcionou a graça de seu
convívio e soube ser, além de mestre, que
ensina e orienta, o companheiro, que divide
o pão da alegria em fatias de agradável
intimidade.

MELHORES CRÔNICAS, JOSUÉ MONTELLO

[O cientista na cozinha diz que] A descoberta de um novo prato traz mais felicidade do que a descoberta de uma estrela.

OXFORD DICTIONARY OF SCIENTIFIC QUOTATION, JEAN-ANTHELME BRILLAT-SAVARIN

A SOLIDÃO E SUAS CAVERNAS

A solidão é endêmica. Por isso, precisamos de relacionamentos relevantes.

DIÁLOGO

Se eram seis da manhã ou seis da tarde, impossível divisar. O lusco-fusco da transição entre claro e escuro não permitia discernimentos deste tipo. O que importava era a aura pesada que tomava conta do lugar. Pedro estava sonhando, isso ele sabia.

— Vamos lá que eu não tenho o dia todo.

Pedro olha à sua volta, não vê ninguém. Só sentiu uma presença forte. Nos sonhos cabe tudo.

Num instante e já estava em outro lugar. Reconheceu logo o local de trabalho. Tudo vazio, ninguém tinha chegado ou todo mundo já tinha saído. Não sabia.

— "Estranho, não?". Assim como todos nós, Pedro estranha seu sonho.

Havia uma névoa que escondia a maior parte do escritório.

— "Que tal essa? Você conhece?". Se aproxima um senhor de meia-idade e o rosto disforme.

Conhecia sim. Era Júlia, que aparecia numa abertura na névoa, um holograma simulando seus movimentos acanhados. Ela vivia puxando o cabelo liso para trás da orelha, era tique.

— Você sabia que a Júlia é infeliz?

— A Júlia, infeliz? Ela não é a pessoa mais alegre que conheço, mas não diria que ela é infeliz.

— Pois é, infeliz. Não tem com quem conversar, nem aqui nem em casa. Você sabia que a mãe dela tem Alzheimer? Que a mãe não a reconhece? Que ela segura sozinha a onda?

— Não, ela nunca conversou sobre isso comigo.

— Ela não conversa com ninguém, nem com você.

Pedro era gestor de Júlia e responsável pela área de compras.

— Você sabia que seu único momento bom, mas insuficiente, de companheirismo é quando o povo sai para almoçar? Conversa de sempre, quem comprou o quê, quem finge melhor ter um bom relacionamento em casa, ou simplesmente se juntar em torno do celular de alguém para ver vídeos engraçadinhos. Quando vai para casa, ela só tem mãe que não se lembra mais dela, a luta para decidir se interna ou não a mãe. A mãe que ela não reconhecia mais como mãe pelo adiantado da demência. Você não sabia disso?

— Não...

A névoa se fechou sobre a mesa da Júlia e o espaço se deslocou para o outro lado da sala, na mesa da Laura. O que existe para falar de Laura?

— Deix'eu te contar sobre a Laura. Ela é, lá dentro, muito insegura, se esforça ao máximo para fazer tudo certo e nunca ser repreendida. Qualquer reprimenda a ela é um trinco em seus afetos de vidro. Depois de muito tempo, aprendeu a não chorar em público, porque o cheiro de fraqueza se espalha no ar e atiça os lobos. Ela segura o choro da maneira mais digna que consegue e vai, de vez em quando, chorar baixinho no banheiro. O choro mesmo é em casa, cabeça enterrada no travesseiro. Até isso ela tem que conter porque toda hora o pai controlador e grosseiro fica esmurrando a porta querendo saber dela. Ela sairia daquela casa correndo se pudesse. O pai dela bebe.

— Sempre achei a Laura uma moça boazinha.

— Boazinha e triste.

A abertura na névoa deslocou-se, foi parar na mesa de Pedro. Gelei. Durante alguns segundos pareceu que tinha perdido a espinha, corpo ameaçava se vergar. Qual seria meu vaticínio?

— Você não é muito dado a conversar com as pessoas, é? Prefere relatórios e gráficos a gente. Estou certo ou estou certo?

Sem saber o que dizer, levanta os ombros em consentimento ao diagnóstico irrefutável.

— Eu faço o que dá para fazer. Os relatórios a gente pode analisar, consertar e basta uma troca de informações objetivas para arrumar o que for necessário. E depois dizer o que cada um tem que fazer.

— E isso resolve seu problema?

— Que problema?

A presença apertou, achou que seu coração estava parando. De novo, foi obrigado a ser sincero.

— Ok, ok, não tenho com quem conversar. Aliás, não posso conversar, sou o gestor da área. Eu faço reuniões, traço metas. Nem em casa, que minha mulher é uma consumista inveterada, não liga para nada mais sério do que um cartão de crédito com limite alto. Meu filho ainda é pequeno, não vou fazê-lo de confidente dos meus problemas. Eu nem queria filhos.

Ele achou que estava perdendo o jogo de lavada, e resolveu dar uma cartada incerta.

— Quer saber? Quem é você para vir aqui dar lição de moral?

Acordou. Como acontece depois de sonhos assim, Pedro estava cansado até o osso pela visita estranha e amedrontadora, visita cheia de verdades incômodas. No entanto, a pergunta não saía da cabeça.

— Quem nessa vida não tem seus problemas?

Foi assim que contemporizou sua experiência. Entendeu a mensagem. Não sabia o que fazer com as informações sobre a Julia e sobre a Laura. Certamente não sabia o que fazer com a revelação que ouviu sobre si.

Mas que voz gélida era aquela, sem rosto?

Era a solidão.

CASOS NÃO POR ACASO

Andréa

Andréa é uma mulher bem-sucedida. De cérebro privilegiado — potente, criativo e veloz –, ela estudou numa universidade "de ponta", no Brasil e numa universidade "de ponta" no estrangeiro. Entendem-se por "ponta" tudo aquilo que referenciamos do espírito colonizado do brasileiro, somada a ideia de que o centro do mundo é o lugar onde a economia é mais forte. Andréa também acredita nisso, é uma daquelas pessoas que transpira inteligência e capacidade de realização.

Exatamente por isso que Andréa, uma mulher bem-sucedida, montou do zero um escritório de advocacia que já ultrapassou os oitenta funcionários. Ela tem motivos de sobra para sentir-se realizada. Ainda assim, não é como ela se sente na maioria do tempo.

A solidão de Andréa se manifesta de uma maneira insidiosa. Quem é que consegue acompanhar a moça? Quando está tratando de um caso, ela consegue enxergar caminhos que outros não costumam enxergar. Na sua mente potente, categoriza e processa as variáveis, as leis e os processos de uma maneira que não encontra paralelos. E sua eficiência a deixa num pedestal merecido, mas solitário. Ninguém a avisou que o sucesso é solitário. Andréa não encontra pares, não faz trocas relacionais com seus iguais porque, sinceramente, não os tem. Não, Andréa não é uma pessoa pedante, como quem deixa transparecer que não precisa de pares. Nada disso. É pior. Ela quer, mas não os tem.

Senão, vejamos. Da sua turma de faculdade, muitos ocupam hoje posições de destaque. Uma parte faz carreira no governo, como na Promotoria. Outros trabalham no mundo corporativo, e estão submetidos aos trâmites limitadores das empresas. Os poucos que resolveram empreender num escritório próprio não se comparam em tamanho com o dela. Se é assim, com quem Andréa conversa a respeito de seus desafios? Com quem ela conversa para ter uma interlocução real e produtiva? E sentir o prazer de andar na pista com seu motor potente e bem azeitado, de pisar no acelerador e ter quem a acompanhe?

Andréa é uma mulher bem-sucedida, mas é uma mulher solitária.

Pelo menos em termos teóricos, a casa seria um alento. Marido e filhos costumam ser fonte de inspiração, aquele núcleo seguro de afeto, compreensão e acolhimento. O marido é músico, decidiu ampliar as notas para sua vida profissional. Ele se encontra com muitas pessoas, cada uma com sua atratividade e peculiaridade. É como se a arte o libertasse como pessoa, e que o horário maleável lhe desse chance de "trocar" com outros sua arte. Ele chega em casa, arranjam tudo, jantam, colocam as crianças para dormir. Mais tarde da noite, quando eles conversam, ele fala como a vida dele é rica em oportunidades e relacionamentos. E é isso. Andréa é solitária em casa e no trabalho. O marido é canção, ela é solidão.

Ah, se seus funcionários conseguissem imitar seu brilho! Ah, se seu marido conseguisse enxergar dentro dela! Talvez o aperto do peito não apertasse tanto.

Davi

Davi é um homem bem-sucedido, especialmente se você só o conhece de longe. De perto ninguém é tão bem-sucedido assim.

É diretor de logística na empresa, ganha bônus tentando gerir uma equipe para alcançar metas inalcançáveis por conta da fome incontida dos investidores, que ele nunca viu.

Ele assume aquele papel tentador, porém insatisfatório, do herói, daquele que providencia para a família tudo o que for preciso, incluindo as férias na Disney, que ele paga com o bônus que todo ano se desdobra para ganhar. Davi trabalha para a família. Não é a mesma coisa que dizer que ele gosta de ter uma família.

Família que ele frequenta. Pacato, gente boa nos churrascos, aniversários e encontros, Davi sente um peso velho conhecido seu, de que o almoço de domingo é uma antecipação da segunda. Em vez de curtir, ele começa a trabalhar mentalmente, olha incessantemente o celular, ensaia mentalmente conversas, lembra de números, faz uma lista dos problemas na instalação do novo ERP, imagina como evitar as pessoas que estão no seu encalço, cria meios de agradar os investidores e — quem sabe? — tirar alguma satisfação pessoal.

E tem a equipe, que nem sempre ajuda. Ele não pode fazer tudo sozinho, bem que queria. Então precisa falar com as pessoas, levá-las — forçá-las? — a cumprir suas tarefas e colaborar na direção do resultado preestabelecido.

Nunca é fácil tratar da equipe. Também não é fácil tratar da desconfiança que ele tem de certos indivíduos, especialmente daqueles que estão em condição de puxar-lhe o tapete e deixá-lo sem Disney. De jogá-lo no limbo profissional. Não pode demitir a concorrência porque daria muito na cara. Então tem que segurar a posição na unha mesmo. Não se admira a fundura de suas olheiras.

Davi é um homem bem-sucedido, desde que sucesso sejam benesses do bom salário e do bônus. O resto, bem, o resto não entra na descrição. Melhor não. Podem puxar um outro tapete, o da autoconsciência, e nisso ele não está interessado. Nada que implique ver ou rever sua existência.

Consciência, aliás, parece um conceito estranho. Davi é um homem bem-sucedido, mas ele está doente. Ele pode fazer o papel de herói na família, mas ninguém desconfia. Ele guarda consigo essa informação, talvez no temor de que a família não suportasse a notícia.

Na verdade, ele mesmo não sabe bem o que é. Ele está doente, sabe que está doente, a doença o atrapalha, mas não vai pesquisar para saber o que é. Sabe como são essas coisas, quem procura, acha.

É nisto que se expressa a mais dolorosa solidão de Davi: ele tem a forte suspeita de que não pode depender nem dos mais próximos. A perspectiva de uma doença grave, que lhe abrevie a vida, é tratada única e tão somente como uma questão de foro íntimo. Davi é um homem bem-sucedido, mas prefere não entrar numa corrida, que provavelmente não ganhará. Se o pior acontecer, o que sobrará para a família senão o sentimento de traição? Por que ele não contou para ninguém? Mesmo que o pior não aconteça, porque ele não contou nada para ninguém, não pediu ajuda e acolhimento?

Porque Davi é um homem bem-sucedido que está sempre sozinho, mesmo estando rodeado de gente de toda sorte. Alienado de si e dos outros, tenta sustentar um herói fadado a uma tragédia pessoal, que não será narrada em nenhum livro clássico.

Nenhum alto salário e nenhum bônus pode amenizar a dor de Davi. Nenhum aplauso corporativo o livrará daquele peso no peito. O peso que só se alivia com um copo na mão no fim do dia. Seu último refúgio talvez seja mesmo beber coragem líquida.

REFLEXÕES

Seria esse o destino dos homens de élite? Que solidão causam o gênio, a sensibilidade, o conhecimento, chega a ser melancólico.

Viva O Povo Brasileiro
João Ubaldo Ribeiro

A solidão é endêmica. Difícil acreditar em quem diz que nunca a sentiu. Fácil achar quem lute com ela a vida toda, caso pudéssemos ser transparentes uns com os outros.

O ser humano precisa de relacionamentos, que sejam relevantes, e tenham importância. Por isso existem clubes de aeromodelagem, de gente que joga xadrez, de colecionadores de selos, de brinquedos antigos, de discos de vinil, clubes de matemáticos que adoram números primos, de audiófilos, de cinéfilos, de enólogos, de grupo que troca receita de comida, de *gourmets*, de tunagem de carros, de motos antigas, de tampinhas de cerveja, de HQs, clube de futebol de botão, rodas de samba, clube de tiro, clube de arqueiros, de corredores de rua, de tatuagem, de miniaturas de carro, de radioamador, de recortes de jornal de gente famosa, de lápis, clubes de leitura, de...

Essas associações têm o potencial de conseguir colegas interessados na mesma coisa e — quem sabe? — um amigo, um semelhante.

De quantos amigos nós precisamos? De um, apenas. Para ligar quando a tragédia bater à porta. Para ser o primeiro a ouvir que você ganhou na loteria. Bom é ter mais amigos verdadeiros, mas quem tem um já está no lucro.

Somos constitucionalmente relacionais. Alguma parte da nossa vida precisa suprir essa necessidade. Suportamos superficialidades enquanto tivermos a profundidade de uma amizade, de um amor.

É isso que faz da solidão um tema tão importante para a liderança. Ninguém consegue se desvencilhar da sensação de estar sozinho numa multidão, no meio de um monte de baia, com gente ao telefone ou olhando uma tela de computador, ou quando aquele sentimento nos atravessa às quatro da tarde de um dia chuvoso. Então a gente disfarça, finge que não é com a gente, entra no ritmo que é para esquecer.

Mas não precisa ser assim.

Uma liderança atenta à solidão nunca olha para o outro como só.

FRAGMENTOS

Sempre me senti muito só. Agora, naquela intimidade obrigada com meus homens, eles prosando, discutindo, eu entendia que eles não falavam muita coisa por respeito à minha pessoa. "..." Se eu tivesse um irmão era diferente. Mas nunca tive irmão, nem um companheiro da minha idade, nunca um amigo. Passei dois anos indo à escola, mas já era grande, quase moça. Menina pequena era mesmo só.

MEMORIAL DE MARIA MOURA, RAQUEL DE QUEIROZ

A solidão é fera, a solidão devora "..."
Causando um descompasso no meu coração.

SOLIDÃO, ALCEU VALENÇA

Extraviado na solidão de seu imenso poder, começou a perder o rumo.

CEM ANOS DE SOLIDÃO, GABRIEL GARCIA MARQUES

Canções tristes e solitárias para a estrada triste e solitária.

BORN STANDING UP, STEVE MARTIN

Minha solidão tomou proporções enormes. Nunca os dias foram mais compridos, nunca o sol abrasou a terra com uma obstinação mais abrasiva.

O ESPELHO, MACHADO DE ASSIS

O meu pai foi peão; minha mãe, solidão.

ROMARIA, RENATO TEIXEIRA

CAPÍTULO 4

O MEDO E AS SUAS VÍTIMAS

Ali, naquele momento, decidiu que mataria o lobo que se alimenta do seu medo.

DIÁLOGO

O homem deitado no divã, olhando para o teto de um branco estéril. Ele já tinha aprendido que era ele quem deveria dizer ou calar. Preferiu ficar olhando para a parede com uma textura mais bonita, mas ia e voltava os olhos, alternando entre o teto e parede com textura, mais bonita e viva.

Nunca tinha se atentado no vai-e-vem dos olhos. Pensou e logo perdeu o interesse porque o peito ardia, e o vai-e-vem era, sinceramente, um devaneio também estéril. Tirando a força indomada que sentia baticumbar o coração, o que restava eram estratégias automáticas de diversionismo para não enfrentar o importante, o vital.

— Estou sentindo uma coisa ruim.

Foi o que conseguiu dizer. Sabia que a terapeuta esperava que continuasse, embora preferisse ouvir alguma voz reconfortante. Precisou de alguns minutos para formular uma pergunta retórica.

— Terapia não é passeio, é?

— Você sabe que não.

— Tem remédio?

— Tem, mas não é do tipo que você está querendo.

— Minha cabeça dói.

Disse isso em vez de "meu peito dói". O inconsciente pregando peças. Ela não se impressionou. Esperou que ele falasse mais. Demorou um pouco mais desta vez.

— Minha garganta dói.

O que é bom, porque a garganta está querendo falar e o ser inteiro dele quer segurar. Já ia seguindo para um sintoma mais substancial. Um pouco mais de tempo terapêutico dessa vez.

Ele não percebeu, mas estava quase em posição fetal, tamanha a força do ruim que sentia, sem saber de onde a dor vinha e que não aceitava comprimido nem reza ou passe.

Foi então.

Foi então que ele não aguentou mais segurar e chorou. Chorou a alma, chorou a garganta, chorou seus intestinos, chorou a bile amarga e adoecida. Chorou os afetos, e o coração aguentou. Revolveu-se por dentro, demoliram-se fachadas e cadafalsos.

O rosto, ele enterrou na almofada, providencialmente ao alcance da mão, na tentativa frustrada de atenuar o som do choro, choro feio, sem ritmo, como convém a quem chora todos os seus medos.

O choro soluçava, em ataques que iam ficando espaçados com os longos minutos. A terapeuta manteve-se na posição de parteira de alma, porque choros assim trazem à tona pessoas melhores.

No fim da sessão, ele estava recomposto, apesar do indubitável olho vermelho, nariz congestionado, rosto inchado e um cansaço que brotava de seu submundo. Afinal, ele expelira boa parte do eu falso que se agarrava como piche ao eu verdadeiro, impedindo-o da liberdade de simplesmente ser.

A terapeuta perguntou se ele tinha algum calmante prescrito.

— Tenho sim.

— Pois vá para casa, tome o calmante, coma uma comida leve, tome um bom banho e vá dormir cedo. Semana que vem a gente se vê e, sim, você sobreviverá.

***

— Não consegui parar de pensar no meu pai.

— Você já falou bastante do seu pai. Pensou alguma coisa nova, ou diferente, sobre ele?

— Pensei que já não o vejo faz uns dez anos, e não sinto falta dele.

— Você sabe me dizer por quê?

— Acho que é porque ele nunca me dizia coisas boas.

— Prossiga.

— Ele era muito severo comigo. Todas as expectativas sobre o filho único.

— ...

— Acho que até hoje ele se sente decepcionado comigo, mesmo eu tendo vencido na vida. Eu trabalhei que nem um louco para conseguir as coisas, mas quando penso nele, parece que vai tirar da cartola algum menosprezo. Eu não o vejo faz dez anos e não sinto saudade.

— Preciso que você elabore um pouco mais isso.

— Ele dizia que eu não tinha feito o bastante, mesmo que eu tivesse me esforçado muito na escola, no judô. Ele perguntaria por que não tirei só "A" na escola, porque não ganhei o campeonato se eu tinha quimono e tudo. Nunca nada estava bom para ele.

— Como você reagia?

— Claro que não diria assim na minha época de adolescente, mas eu acho que meu pai era uma espécie de buraco negro, onde tudo se despedaça debaixo de uma força acachapante.

— E...

— Eu queria que ele ficasse feliz por mim, fiquei tentando ser o exemplo da disciplina, virei um horroroso perfeccionista no fim da minha adolescência. Eu estava indo no caminho de me tornar como ele, porque fiquei com a mania de criticar meus amigos do jeito que meu pai me criticava. Não admira que eu seja um solitário, um lobo solitário.

— Lobo?

— É, não é assim que se diz das pessoas solitárias? Que se desgarram da matilha?

— Você está fazendo uma associação muito interessante. Você acha que seu pai era um lobo e você também virou um lobo?

— Não tinha pensado nisso. Mas eu acho que faz sentido. Aprendi a descartar as pessoas que não conseguem me acompanhar, a eliminar quem entra no meu caminho.

— Então você é um lobo mesmo?

Aí a terapia pesou. Ele nunca tinha se sentido como um lobo predador. Tentou se justificar.

— Mas a gente não precisa conquistar espaços e depois manter estes espaços?

— Você virou mesmo um lobo?

Aquelas perguntas irritantes de terapia. É ruim ser levado a descobrir coisas pouco elogiosas sobre si. Mas pior é ficar como ele tinha ficado na semana anterior.

— Se sou um lobo, não quero ficar lobo. Não quero ser como meu pai.

— Você é agressivo com as pessoas?

— Quando é preciso.

— Com que frequência você acha que é preciso?

— Sempre que as pessoas saem da linha. Eu sou vice-presidente de uma empresa, preciso manter a organização nos trilhos.

— Você tem muita concorrência?

— Tenho. Sempre tem alguém querendo puxar meu tapete.

— O que você faz quando encontra alguém assim?

— Eu puxo o tapete antes. E me certifico que as pessoas importantes entendam o que fiz.

— Quer dizer, você diminui a pessoa com gestos, atos e palavras.

— Basicamente é isso.

— Então, sinto informá-lo, você é seu pai.

— Velho maldito que não me larga! Tudo por medo de falhar, de ser uma fraude, de descobrirem que sou uma fraude. Quanto mais medo sinto, mais violento fico.

E chorou, de raiva e de sede. A bile veio na boca. Terapia rasga.

Ali, naquele momento, decidiu que, de um jeito ou de outro, ele mataria o lobo que se alimenta de seu medo. De lobo solitário a ser gregário.

Sem medo.

CASOS NÃO POR ACASO

Milena

Milena tem um problema. Não um problema genérico. Um medo, na verdade. Seu medo atende pelo nome Igor. Milena e Igor compartilham um medo, o medo de que de alguma maneira suas decisões os levem ao fracasso profissional. A frustração que surge é a antessala do conflito. Caso aconteça de os medos colidirem, voarão estilhaços para todos os lados.

Desde que se entendeu como gente, Milena quis fazer carreira corporativa. E fez. Galgou, passo a passo, posições que se abriam ou que ela abria com seu esforço. Na escada do sucesso corporativo, Milena foi longe. Basta dizer que durante um bom tempo foi vice-presidente e que, a certa altura, ganhou a oportunidade de ser a CEO de uma nova operação. Claro que aceitou mais esse desafio, que demandaria dela, como sempre, ser uma mulher forte. Isso ela era. Teria que combinar pulso, bom senso e sensibilidade. Isso ela tinha de sobra para oferecer.

A necessidade de força, firmeza e bom senso não é uma exigência que fica abstratamente flutuando no ar. Essas características sempre serão exigidas ao limite.

À medida que Milena vai se debatendo com o problema que Igor representa, ela também começa a se perguntar se tem o que a situação exige. Quando um problema parece maior do que a capacidade de resolvê-lo, a ansiedade sempre dá as caras. A ansiedade não gosta de andar sozinha, sempre traz o medo para fazer companhia. A possibilidade do fracasso, da perda de prestígio e de aceitação, é terreno fértil para o medo.

Igor é o fulcro dessa situação. De certa maneira, ele é intocável, pois traz resultados comerciais para a empresa. E quem traz resultados fica coberto por uma camada invisível de invulnerabilidade. Isso normalmente resulta em executivos cheios de caprichos, dados a *egotrips* e *powertrips*. E quem sofre são os que vivem ao redor; os que, por dever do ofício, orbitam em torno de sua esfera de influência. E é aí que reside o buraco negro que é o medo do fracasso.

No fundo, Milena sabe que Igor não combina com a corporação. Ele entrega o resultado, mas a custo de estragar os relacionamentos internos. Ele produz, traz resultado, mas demole a estrutura interna, sendo que "estrutura" é um eufemismo para "pessoas".

Igor tem seus medos também. Ele também sofre da ansiedade de "e se eu não entregar o resultado comercial que todo mundo está esperando?". Quando a pergunta surge, é tão relevante quando reveladora. Ao mesmo tempo em que seu notável desempenho comercial o protege, pode deixá-lo ao relento se não for alcançado. E o desempenho abaixo da linha da cintura pode derrubá-lo do mesmo jeito que sustentou sua arrogância. De novo a ansiedade e, a reboque da ansiedade, o medo de fracassar.

À semelhança do que acontece em outros ambientes, no meio corporativo, a reação diante do medo é a agressividade. Quem tem medo agride antes de ser agredido. É comum associarmos a agressividade, a assertividade, a quem está bem, quando vigora a potência e a competência. No entanto, pouco abaixo da superfície, espreitando, está o medo de ser rejeitado, a rejeição que pode pegar um diretor e diminuir sua carteira e seu senso de valor.

Milena sente o desequilíbrio. Já tentou tourear o risco causado por Igor com conversas, feedbacks, mas não funcionou.

Agora, a questão dela é outra: e se ela dispensar Igor e o resultado cair muito, a ponto de comprometê-la como CEO? E justo agora, que foi a primeira oportunidade de sentar-se na cadeira mais importante, mais desejada. Os medos em relação a Igor causam seus males, e ainda por cima podem desestabilizar sua carreira. Quem quer se conhecido como um CEO fracassado logo na primeira viagem?

E assim o medo vai fazendo suas vítimas.

Alexandre

Quem começa uma ONG de educação na periferia começa um sonho que vai atiçar outros sonhos. É a força do protagonismo que vai corrigir tanta coisa errada que acontece no mundo, que vai abrir um futuro em que havia apenas a pasmaceira da desesperança. As apostas são altas.

Alexandre começou uma ONG de educação na periferia. Obteve para a ONG notoriedade e tem sido capaz de sustentar a causa com doações picadas e doações de pessoas com os bolsos recheados. Ele mesmo não vê a cor desse dinheiro. Tudo pela causa.

Tudo pela causa. Mas será mesmo essa a fórmula que trará realização para o Alexandre?

Ele tem pelo menos um problema que ameaça desintegrá-lo; por um lado, a ONG acima de tudo; por outro, seus desejos legítimos de conforto para si e, esposa e filhos. No chão frio da realidade, é a ONG que sempre tem a prioridade. Quem tem uma, como a de Alexandre, não tem direito aos prazeres comuns. Essa é a sabedoria de comum, a que está no imaginário da maioria das pessoas. O que diriam dele se comprasse um carro novo? Ou que estivessem sempre bem vestidos? Jantando em restaurantes?

Com esse rasgo dentro de si, Alexandre participa de jantares opulentos com pessoas que têm muito dinheiro no bolso. Que medos são atiçados por causa da simplicidade autoimposta em contraposição com o sucesso inegável dos endinheirados de quem depende, para a ONG funcionar?

O que de fato Alexandre pode dar para sua família, se a ONG, sua filha mais velha e mais bem-alimentada, sempre vem na frente, frustrando expectativas?

Como seria se ele tivesse sucesso na ONG, mas enfrentasse fracasso em casa? Aí vem a ansiedade, e a reboque o medo. Melhor nem pensar e ir tocando a ONG, melhor ir tocando o barco. E deixando o rasgo de lado, enquanto não rasga de verdade.

É possível ir adiando o enfrentamento do medo. E assim, paciente, o medo vai fazendo mais uma vítima.

REFLEXÕES

É fácil compreender que o medo é uma das emoções mais brutas da nossa existência.

O que nem sempre é tão simples no medo é quando tentamos identificar o que é o seu contrário. Talvez o contrário do medo possa desarticulá-lo e vencê-lo.

Naturalmente, muitos diriam que o contrário do medo é a coragem. Como corolário da afirmação, podemos dizer que tem coragem aquele que age, mesmo sentindo medo.

Existe uma maneira alternativa de compreender o medo, que é considerá-lo o contrário da aceitação social. Em outras palavras, quem tem o medo da Milena, do Pedro e do Alexandre são pessoas que gostariam de ser aceitas. O sucesso pessoal é uma maneira pela qual a pessoa pode sentir-se amada e admirada. Como o caminho para essa aceitação passa pelo sucesso, o medo do fracasso passa a ser um longo pesadelo.

Um bom exemplo é a síndrome da falta de cartão. É aquela pessoa que era reconhecida como bem-sucedida porque trabalhava numa empresa conhecida: "— Oi, eu sou o Fulano da IBM". Um dia a pessoa perde o emprego e não tem mais um cartão vistoso para entregar e começa a agir como quem perde a identidade, o sobrenome. Antes era Fulano da IBM, agora é apenas Fulano, sem nada que o distinga ou que o torne aceitável, reconhecível na nossa sociedade trituradora de afetos.

A gente quer ser diretor ou CEO, porque isso nos garante uma aceitação social e, também a admiração das outras pessoas. Sem mencionar a aceitação que advém do sucesso financeiro.

De certo modo, todos no mundo corporativo convivem com o medo em alguma medida. Medo de perder o que conquistou, ou medo de nem chegar a nenhuma conquista.

É esse medo que nos faz pensar "meu mundo caiu" quando foi apenas o emprego que caiu. É por isso que precisamos manter em cheque nosso medo e aprender a lidar com ele.

Uma liderança atenta ao medo, é aquela que reconhece o som quando ele bate à porta e o convida para seu espaço de direito.

FRAGMENTOS

Chegou o tempo, segurou as pontas, lutou com a morte, palmo a palmo, não teve medo. Será que não?

TOCAIA GRANDE, JORGE AMADO

— Oh! não. — Por quê? — Tenho medo... — Ora, medo! — Medo de não agradar.

O *MACHETE,* MACHADO DE ASSIS

Aprendi ao longo dos meses seguintes que poderia fazer diversas coisas ao mesmo tempo: escrever comédias, fazer comédia stand-up e suportar um mortal medo interno.

BORN STANDING UP, STEVE MARTIN

Os problemas são os que conhecemos. Os deuses menores ainda estão conosco, sob nomes diferentes... Também existe o medo da especulação; o medo superprotetor de estar errado.

OXFORD DICTIONARY OF SCIENTIFIC QUOTATIONS, DICKINSON WOODRUFF RICHARDS

Mesmo após o lento arrastar dos anos, lembro da sensação de medo que enchia minha boca com ar quente, árido, e deixava meu corpo leve e indistinto.

I KNOW WHY THE CAGED BIRD SINGS,
MAYA ANGELOU

No amor, não há espaço para o medo.

PRIMEIRA CARTA DE JOÃO

Não tenho medo do escuro, mas deixe as luzes acesas.

TEMPO PERDIDO, RENATO RUSSO

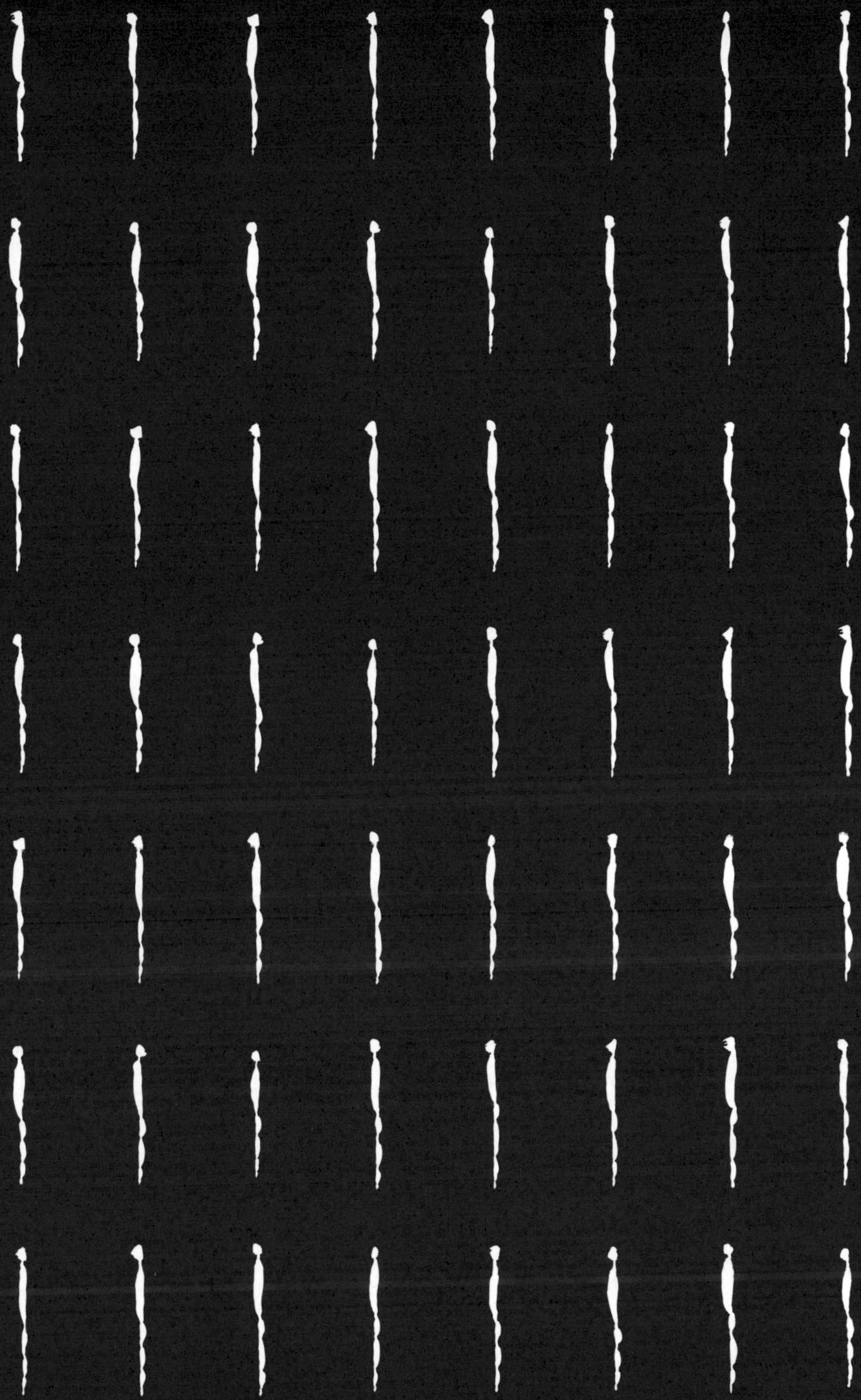

CAPÍTULO 5

A PAZ QUE EU QUERO

Defina em uma frase curta o que é a paz e você estará errado ou gravemente equivocado.

DIÁLOGO

— Me deixa em paz, homem!

Era a primeira vez que ela falava assim depois de seguidas interrupções à sua apresentação.

— Ih, não estou entendendo a braveza.

— É porque você não se enxerga.

Agora, todos os vinte da sala tinham se antenado no primeiro crepitar do forfé, aquele frio que sobe a espinha e coloca os ouvidos em estado de atenção.

— Nunca foi brava e vai estrear justo hoje?

— Tô querendo te esganar faz tempo, infeliz, arrogante, presunçoso.

Tem um dia, que santo nenhum aguenta.

— A moça está chateada por causa de quê?

Responde com aquela voz de ironia que acusa o destempero do outro como perturbação.

— Porque você é um folgado, acha que a gente é seu burro de carga submetido à sua maravilhosa inteligência, que carrega todas as respostas do mundo!

Agora tudo era dito em exclamações.

— Você vai me dizer que não consegue fazer seu trabalho, um pequeno ajuste no número para facilitar a vida do seu time de trabalho?

Nesse momento o time silencia na sala de reunião, com aquela expressão que disfarça o olhar ao infinito para não mentir para si, diante da empáfia do gerente.

— Não, estou dizendo que eu quero fazer apenas o meu trabalho, não o seu.

— Qual é o problema de você alterar a análise? Dez, doze horas de trabalho? Estamos todos aprendendo.

— Você não quer uma mudança na análise, seu folgado, você quer alguém que te carregue apresentando do jeito que você quer!

— Por que você deu de falar isso justo agora? Nunca reclamou.

— Mas eu tô por aqui com você, não construo mais nada para você, não te ajudo para mais nada, e se alguém quiser me despedir pode despedir porque eu não tenho sangue de barata. Chega!

— Você está descontrolada. Não sei como seu marido te aguenta.

— Olha aqui, presta atenção no meu dedo na sua cara, descontrolada é a sua mãe porque te pariu.

Metade dos vinte na sala já estavam em pé, testemunhando a escalada da violência. Os outros dez aguçaram os ouvidos, olhando pelas frestas das baias.

— Não bota minha mãe nessa conversa!

— Você é uma pessoa asquerosa. Dá até pena da sua mãe de ter um filho malparido como você.

— Já disse pra você não colocar minha mãe nessa história, porque senão...

— Senão o quê, desinfeliz?

— Senão eu vou buscar a sua lá na zona.

Do jeito que ela pegou, ela jogou. O copo de água foi direto na cara do sujeito. Ela riu histericamente, deliciando-se com a surpresa dele, como se só agora ele estivesse entendendo que tinha perdido o pulso da situação logo na primeira frase.

— Alguém pega uma toalha!

Falou como se não houvesse a possibilidade de ele mesmo ir buscar a droga da toalha.

— Você estava achando que eu estava brincando? Não tenho mais medo de você nem desse seu crachazinho de gerente que você fica ostentando como um boçal.

— Eu acabo com você, mulherzinha. Eu acabo com você!

— Então vem, se é homem.

Aí o que voou foi o copo, que pela divina providencia era de alumínio. O copo foi direto na testa, causando mais estrago no orgulho próprio do que na carne.

— Eu vou te processar, vou acabar com você.

— Vem, seu palhaço. Vem que eu tenho um monte de vídeo seu assediando as moças. Vem, que dessa você não sai limpo.

— Duvido, que eu não sou homem de assediar mulher.

Ele estava blefando, claro. O assédio era a tônica desde o primeiro dia.

Um segundo, uma piscada, e ela acertou de mão cheia um tapa na cara redonda dele. Ficou a mão dela lá, desenhada em vermelho-pele.

Com sangue nos olhos ele foi para cima. Foi segurado, para tristeza de alguns na plateia. Ela também foi segurada na tentativa de que não pegasse nada que pudesse ser jogado.

O que se sabe, apesar do esforço da assessoria de imprensa, é que tudo foi acabar na delegacia com providencias adentrando a madrugada.

No dia seguinte, ela foi demitida. O diretor, homem e amigo do gerente, concordava com seus pares (também homens e amigos entre si) que foi um destempero dela.

Umas semanas após os acontecimentos, os dois receberam a visita de um oficial de justiça, o envelope com a intimação dentro. A guerra continuaria nos tribunais.

Depois que os advogados se digladiaram na corte, ela saiu com uma indenização pífia e ele saiu com uma condenação pífia. Ambos arruinaram os respectivos patrimônios para pagar os respectivos processos. Ele, seguiu com o trabalho. Ela, não sabemos o que aconteceu.

A guerra e seus lados têm dessas coisas.

CASOS NÃO POR ACASO

Maria Helena

A carreira de Maria Helena se parece com uma flecha atirada direta e reta no alvo.

Ela estudou numa universidade pública. Entrou numa empresa como *trainee* e hoje é diretora na mesma empresa. Difícil encontrar carreiras tão objetivas como a dela.

O mais novo capítulo é que ela foi convidada para assumir uma operação da empresa que tem duas qualidades: é estratégica e fica na Suíça.

Maria Helena tem marido e filhos. Portanto, assumir uma posição em outro país, em outra cultura, põe a família como elemento essencial do processo decisório. Vamos? Ou não vamos?

Se ela for, fica tudo bem na empresa, considerando, claro, que ela consiga manter o alto desempenho pelo qual é conhecida. Mas ninguém duvida que ela brilhará novamente. Em casa, a conversa é outra, já não será assim tão redonda a solução. O que o marido vai fazer profissionalmente? Vai ficar em casa cuidando dos filhos enquanto a supermulher provê? Será que ele fala alemão? Ou francês? Estaria disposto a aprender nessa altura da vida?

Com os filhos, é semelhante. Eles estão dispostos a aprender uma nova língua, estudar numa escola nova e fazer novos amigos, enquanto ainda tropeçam nas palavras novas? A Suíça pode parecer um achado para quem vê de fora, mas por dentro, o número de ajustes é enorme, e cada ajuste traz seu próprio desafio. Esse tipo de dificuldade só se resolve com união. Exatamente o que falta.

Maria Helena não tem esse apoio em casa. Filhos, normalmente, não possuem palavra final nestas questões, mas o posicionamento do marido é crucial. Para ela, tentar se sustentar nele para tomar uma decisão é como se sentar numa cadeira desconjuntada que ameaça desmontar a qualquer momento.

Se Maria Helena não for, a empresa respeitará sua decisão, mas já não mais será considerada uma profissional intrépida. Vai ficar encostada nalgum cargo vistoso, mas desimportante.

Então, são duas sinucas de bico. Uma com a família: se for, vai sem o apoio da família; se não for, vai se sentir traída por essa mesma família por não terem possibilitado a ascensão profissional que ela bem merece. A outra sinuca é a empresa: se for, vai sem o apoio da família; se não for certamente será encostada. A vida não está fácil para ela.

Não está fácil mesmo. Maria Helena anda mais estressada do que o normal, toma mais remédios do que o normal. Ainda assim, dorme pouco e mal. São escolhas que picam seu cérebro e sua coluna, sempre encurvada de tanto segurar a cabeça inclinada pelo peso da situação.

Acontece.

Odilon

Existe uma expressão entre os mais espiritualizados que diz assim: "Combati o bom combate, terminei a corrida e mantive a fé". Refere-se a uma pessoa que deu o melhor de si — o combate –, que atingiu seus objetivos — terminar e corrida — e que se vê realizado com o que fez e com o que é — mantive a fé. O combate porque a vida é dura, mesmo para os bons de berço; a corrida, porque só andar é pouco para qualquer trajetória escolhida; e a fé, as coisas em que acreditava antes e em que se acredita ainda mais hoje.

Odilon completou esse percurso. Ele combateu, correu e hoje acha que tudo valeu a pena. Faria de novo, se tivesse a chance.

Odilon nasceu em bom berço. Foi mais uma geração, dentre muitas outras, que cuidou dos negócios vinculados à terra, a agricultura. Ele pode dizer que sua família ajudou a construir o Brasil. De heranças antigas, Odilon precisou olhar para trás para poder honrar seus antepassados e olhar para a frente para honrar seu legado. E ele fez isso muito bem, por bastante tempo.

Hoje a questão que está posta diante de Odilon é como vai viver com a fé que manteve. Quer dizer, aos 65 anos, ele está se afastando da presidência bem-sucedida das empresas da família. Como serão seus dias?

Tudo indica que serão muito bons. O filho, como era de se esperar, recebeu o melhor da educação. Estudou no Brasil, estudou fora. Não escolheu o agro, mas sim a tecnologia. E deu o passo seguinte — o passo óbvio — de unir agro e tecnologia para fazer como seu pai: olhar para trás para poder olhar para a frente. Os negócios da família antiga estão em boas mãos.

Odilon ganhou esse combate vital. Ele fez seu sucessor. Pode descansar. Ou fazer o que lhe der na cabeça.

Tem mais uma coisa importante, mais um combate que Odilon enfrentou e venceu: assumiu sem traumas o papel de sucedido. Não cedeu aos encantos de descer do trono e ainda ficar dando pitacos no terreno do sucessor. Sucedido cuida da nova fase da sua vida. Sucedidos saem em viagens longas, sem pressa, com a esposa de longa data. Depois que se cansar da diversão, vai fazer o que quiser: aprender a mexer com madeira: retomar a música deixada na juventude: espiritualizar-se.

Ele pode. Ele é o sucedido e se considera assim. Ele manterá a fé, só que não precisará mais bater cartão.

Odilon: o sucedido mais bem-sucedido que você pode conhecer.

REFLEXÕES

Consta que Albert Einstein disse a seguinte frase: "As coisas devem ser explicadas da maneira mais simples possível, mas não de forma simplista". Ele estava se referindo a um preceito científico chamado "Navalha de Ockham". A ideia é que entre duas teorias sobre o mesmo assunto, a teoria certa é aquela que explica o máximo de fenômenos com o menor número de postulados. Simplicidade conduz à verdade.

No entanto, a suposta frase de Einstein é um "senão" à ideia de Ockham. Se o mais simples que se consegue obter é algo bastante complexo, então ninguém deve se esforçar para conseguir um modelo teórico exageradamente simplificado. Coisas complexas costumam exigir explicações complexas. Neste caso, ser simplista é estar errado. Ou gravemente equivocado.

A paz é um desses conceitos. Defina em uma frase curta o que é a paz e você estará errado ou gravemente equivocado.

Por isso, vamos abrir o leque daquilo que a paz é. Também do que ela não é. Às vezes, saber o que não queremos é tão importante quanto descobrir pelo que estamos correndo atrás.

Dois aspectos que valem ser mencionados.

A paz depende da justiça. Existem pelo menos duas dimensões da justiça. Uma é aquela desrespeitada durante séculos e que atinge milhões de pessoas. A escravidão é um exemplo dessa justiça violada. O tráfico negreiro durou quatro séculos. Só para o Brasil foram trazidos cinco milhões de africanos. À força, claro. Injustamente, claro.

Mas nas grandes ou pequenas empresas, as injustiças acontecem todos os dias. No cotidiano, isso se expressa numa injustiça que penetra os poros da empresa, uma injustiça a granel que vitima todos, da chefia à arraia-miúda.

Vejamos o que aconteceu com o Gil. Profissional experiente, respeitado, já em seus sessenta anos. Dramaturgo e escritor português, suas peças lhe trouxeram fama e reconhecimento no continente.

Foi a essa altura de sua carreira que ele foi acusado de plágio, acusado de copiar obras de um escritor espanhol. Imagine o transtorno que isso significou para Gil.

Acharam que a saída para resolver o impasse seria colocá-lo à prova. Aos sessenta anos teve de provar a si mesmo e defender a legitimidade da sua obra. Propuseram-lhe um ditado e ele deveria escrever uma obra original com base nesse ditado. Era um desatino, mas Gil aceitou o desafio.

O ditado escolhido foi: "Mais quero asno que me leve que cavalo que me derrube".

O autor é Gil Vicente, pai da dramaturgia em português, o ano é 1532 e a obra original é *A Farsa de Inês Pereira*. Dizem que até Guimarães Rosa veio beber nestas águas. Também o faremos.

A história começa com a agitação para que Inês case. Mãe, amigas e dois casamenteiros a ajudam na tarefa de arrumar-lhe um matrimônio. Acabaram por escolher Brás da Mata, uma espécie de cavaleiro medieval.

O marido não fica por muito tempo em casa, sai para pelejar contra os mouros em terras distantes. Antes, providencia para que Inês seja impedida de fazer as coisas mais corriqueiras.

Só podia ficar dentro de casa, bordando. Nada de conversas, idas ao mercado ou à missa, menos ainda romarias.

O tempo passa infeliz para Inês. Lá pelas tantas ela recebe uma carta dando conta da morte de seu marido. Não morreu em combate, com honra. Morreu nas mãos de um pastor mouro, o que é vergonhoso e uma desonra para um cavaleiro.

Livre de Brás da Mata, Inês se ajeita para casar-se de novo. Aproveita a oportunidade para casar-se com o cordato Pero. Diferente do cavaleiro xucro, Pero está bem satisfeito de deixar Inês fazer o que ela bem entender. Pero é uma oportunidade que ela agarra como quem não tem medo de ser feliz.

Ela pode sair de casa? Pode. Ela pode dar umas voltas pelo vilarejo e ver o mercado? Pode. Pode sair a esmolar um ermitão? Pode. Pode fazer uma romaria? Pode.

Andando juntos, eles se deparam com um riacho. Com jeito, ela pede que ele a carregue nas costas, porque assim não molhará os pés, o que, segunda crença da época, impediria que ela ficasse sem filhos. Ele a carrega de bom grado. Enquanto atravessava o riacho, Inês vê umas pedras boas para fazer talha de água. Será que ele carregaria também as pedras? Sim, claro.

E assim temos o cavalo xucro do Brás da Mata, mandador de mulheres, e o asno manso do Pero, obedecedor de mulheres.

Fim da história na poesia imensa de Gil Vicente. Quando Gil morreu, morreu em paz, tendo feito justiça com as próprias palavras e vindicado sua obra.

É aqui que voltamos ao diálogo. O supervisor "cavalo" e a moça "asno" em ataque de fúria. O mundo é injusto.

Por isso, temos a esperança em um mundo onde cavalos serão domados em sua inclinação aos coices, e que asnos deixem de ser asnos para serem protagonistas. E que todos trabalhem juntos, em equipe, em paz.

Sem justiça, essa paz se desfaz.

A paz depende do domínio próprio. Vale uma aposta: quando você leu o diálogo, tomou as dores da moça. No entanto, cabe uma reflexão. Por que essa moça deixou-se ser abusada durante tanto tempo sem reagir?

Porque nenhum de nós é inteiramente equilibrado nem totalmente sensato. Nossas neuroses interagem com as neuroses de outros. Uma porção acaba como cavalo de coice e uma porção como montaria.

Importante é o que você faz. Somos bem complexos nessas nuances comportamentais. E as inadequações podem ir se transmutando. Vítimas podem se tornar vitimadores, dependendo das facilidades e incentivos vindos do ambiente. Assim como Inês era montaria e depois virou carga.

Vamos chamar o estado de equilíbrio de domínio próprio. Quem tem domínio próprio não se deixa montar nem dá coices a torto e a direito. O que nos adoece são as fraquezas de afeto e debilidade de pensamento. Já vimos que a insegurança pode se expressar como agressividade. Mas o ideal é que você seja mental e afetivamente saudável. O ideal é que você seja centrado, sensato, corajoso sem ser impositivo, gentil sem ser omisso. Se você atingir esse estágio, haverá uma boa dose de justiça e de paz.

Há maneiras de alcançar o domínio próprio, como fazer seu caminho examinando-se por dentro enquanto se dispõe a lutar com padrões firmemente estabelecidos no tempo. É possível.

Há quem encontre o domínio próprio em alguma religião. Há quem prefira a psicoterapia.

Uma liderança em paz é aquela que escolhe suas batalhas. Retroceder e avançar, para ambos, coragem.

FRAGMENTOS

A paz invadiu o meu coração
De repente, me encheu de paz
Como se o vento de um tufão
Arrancasse meus pés do chão
Onde eu já não me enterro mais

A PAZ, GILBERTO GIL

A minha alma tá armada e apontada
Para cara do sossego!
Pois paz sem voz, paz sem voz
Não é paz, é medo!

MINHA ALMA, O RAPPA

Athayde é sobretudo o companheiro de boa paz, sempre inclinado a encontrar, na hora de discórdia, o ponto de equilíbrio que restitui a harmonia em ambientes carregados.

MELHORES CRÔNICAS: JOSUÉ MONTELLO

*O substituto para a guerra não é a paz;
a paz é um estado de existência política
raramente alcançado. Os substitutos são
espiritualidade, amor, arte e criatividade,
coisas que se podem obter por meio
de esforço pessoal.*

WHAT IS IT LIKE TO GO TO WAR, KARL MARLANTES

*O que controla seu temperamento é
melhor que o herói de guerra; o que
governa seu espírito é melhor que
o conquistador de cidades.*

SALOMÃO

CAPÍTULO 6

ESPERAR COM CERTEZA

O melhor companheiro da fé e da esperança é o amor. O amor é importante por um motivo simples: ele não acaba.

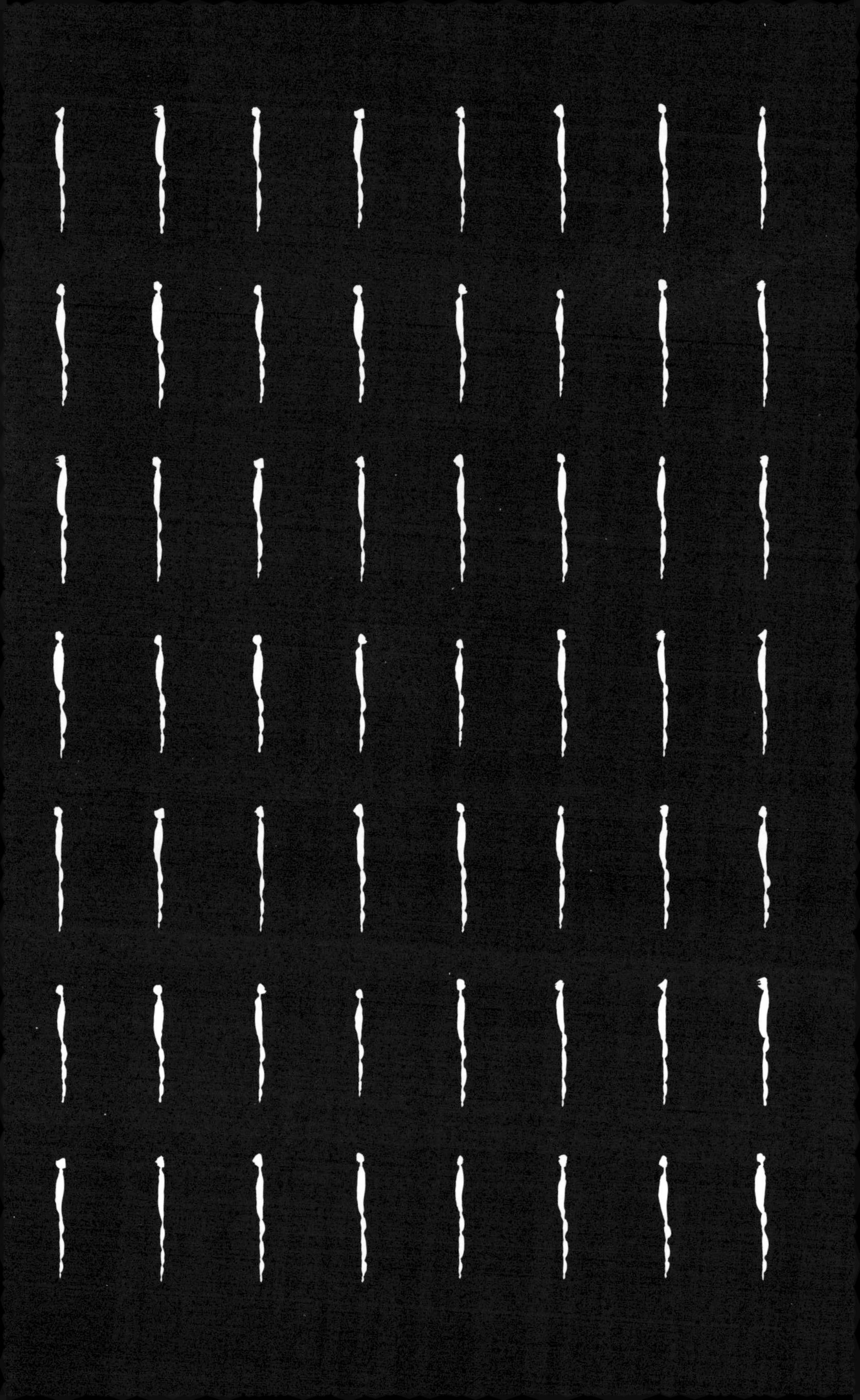

DIÁLOGO

Quando ele chegou, o outro já estava no fim do sorvete.

— Não vou nem oferecer, que está no fim.

E sorveu aquelas últimas gotinhas para não escorrerem pela mão.

— Pega um lá para você.

— Nem. Estou azinhavrado. Sem apetite para nada.

— Você está dizendo que está sem graça?

— Sem graça para nada, sem brilho, embotado.

Amigos desde sempre se encontrando naquele parque. Dava uma sensação de espaço, amplidão. Não precisavam de grandes explicações. Ele estava de bode com a vida.

— Fala logo, mano!

Suspiro. Precisava, mas não queria falar. Outro suspiro.

— Grave assim?

— Nem sou eu. Se fosse seria mais fácil. É o Henrique.

Já pensou em drogas, namorada grávida, coisas assim.

— O Henrique não passou no vestibular. Faz uma semana que se trancou no quarto, não que falar com ninguém. Nem quer comer. Já tentei conversar com ele, já tentei subornar. Não adiantou.

— Ainda bem! Achei que era coisa pior.

O amigo olhou rápido e indignado.

— Não me olha assim. A situação não é boa, já percebi. Mas tem jeito.

Baixou a indignação.

— No fundo, foi por isso que quis conversar. Como você aguentou a pressão na sua época?

— Bom, na primeira vez que prestei para medicina, não passei. Eu me tranquei no quarto, não queria ver ninguém e não queria comer nada porque minha vida tinha acabado.

— Mas você sempre foi cê-dê-éfe.

— E daí? Não passei por pouco. O vestibular é um troço tão carniceiro que prefiro enfrentar uma banca de doutorado a ter que passar por isso de novo.

— É... você deve ter razão.

— Eu tenho razão!

— Quantas vezes mesmo você prestou antes de passar?

— Cinco.

— Cinco? Eu achei que tinham sido duas. Como você aguentou? Eu não lembro bem dessa história.

— Já faz tanto tempo que nem me lembro bem dos detalhes. Eu lembro que houve muitas trevas e depois a luz.

— Meu filho está em trevas?

— É uma maneira de dizer, ora. Eu lembro da sensação de desamparo, de que meus horizontes tinham virado pó. Trevas, portanto.

O amigo baixou a cabeça com as mãos na nuca, sentindo o peso de não saber o que fazer com o filho em trevas. Ele sentiu pena do amigo, o mundo não tinha que ser assim pesado para gente tão nova.

— E o que eu faço com o Henrique?

— Boa pergunta.

— Você falaria com ele?

— Acho que a questão mais importante é se ele falaria comigo.

— A gente tem que achar um jeito de forçar o Henrique a falar.

— Calma lá. Já tem o menino nessa situação e você vai perder as estribeiras também? Baixa a bola aí.

— Eu sei, a gente fica desorientado. E o que você sugere?

— Deixa o menino respirar, curtir a fossa, se proteger. Pelo menos mais uma semana. Se ele é como eu era naquela época, o que eu mais temia era a reação de reprovação das pessoas, do tipo "se tivesse estudado mais um pouco..." e outras coisas perversas que as pessoas falam. Dá espaço para ele, não fica socando a porta do quarto dele a cada cinco minutos.

— Hum... e depois?

— Depois você avisa que vou conversar com ele. Não vai perguntar se ele quer, vai só avisar com a voz mais mansa que conseguir encontrar.

— Ai, meu Deus, estou velho demais para essas coisas.

— Está mesmo, seu velhaco.

E apertou o ombro do amigo triste e desesperado com aquela chacoalhadinha de quem quer tirar o outro da fossa causada pelo filho na fossa.

Passada a semana combinada para dar um espaço para o menino. Encontraram-se no parque, ele terminando o sorvete, preocupado em não perder as gotinhas que, caso contrário, escorreriam no braço.

— Só não ofereço porque está no fim.

O menino só assentiu com a cabeça.

— Quer que eu pegue um para você?

O menino só meneou um não com a cabeça. As mãos enfiadas nos bolsos do moletom, o capuz escondendo até a metade dos olhos.

— Seu pai obrigou você a vir?

— Mais ou menos.

Disse telegraficamente.

— Você sabe por que está conversando comigo?

— Porque você levou um tempão para passar em medicina.

— Então, acho que a gente pode se entender.

Aí veio a raiva.

— Será mesmo? Porque, se eu seguir seu exemplo, ainda vou perder mais quatro anos na minha vida e continuar um fracassado.

Levou na esportiva.

— Verdade? Porque entre nós dois é você que está todo detonado. Mesmo a vida sendo injusta, sou um médico bem-sucedido e feliz. Quem ainda precisa se apresentar ao mundo é você.

O menino acusou o golpe baixando a cabeça segurando a nuca com as mãos, cópia do pai.

— Eu não estou aqui para dar lição de moral. Nem para concordar com essa sua avaliação de que sua vida está perdida e de que você é um fracassado.

Sentiu que os olhos do menino aguaram, num esforço para não chorar o choro acumulado. Respirou fundo, se endireitou como pôde.

— Então fala.

— O que falta para você neste exato momento é fé e esperança.

Esperou para ver a reação do menino. Que já não era menino, mas que o chamamento se justificava pelo carinho dele com o menino e o pai dele.

— Você vai me culpar por não ter o quê?

— Ninguém está culpando você por coisa nenhuma. A pessoa que mais te acusa é você mesmo. Isso é ruim, mas pode virar uma coisa boa. Se você está se sabotando, mesmo sem querer, você é o problema e a solução.

O menino olhou para ele meio estranhado, como se nunca tivesse pensado nisso. O cenho franzido mais pela surpresa do que pela braveza.

— Fala mais.

Tinha ganhado o menino. Agora podia ir mais fundo.

— Esquece tudo o que tem sentido desde a notícia que não passou. Me diz quais são seus objetivos.

— Eu só queria cursar engenharia elétrica.

— Ok, mas depois de cursar engenharia, o que você gostaria de fazer?

— Trabalhar com energia.

— Como assim? Melhor você desenhar para eu entender, porque não sei nada de exatas.

— Não sei bem, mas queria receber um mapa e saber dizer onde cabe uma usina hidrelétrica, uma eólica ou uma solar. E conectar tudo à rede da operadora nacional.

— Ei, isso parece bem legal. De onde tirou isso?

— Não sei bem, só acho que conseguiria fazer essas coisas se estudasse bastante. Bom, também pensei assim com o vestibular e olha no que deu.

— Entendi. Mas pegue esse mapa que você falou e o transforme na sua fé.

— Acho que conseguiria usar água para gerar energia, mas fazer o mapa virar fé é uma coisa estranha demais. Eu não sou de humanas.

— É fácil. O que você precisa fazer é ter essa ideia complexa e tratar isso como o objetivo último da vida. Alguma coisa que seja sólida, inarredável, uma marca a ser alcançada se tudo, tudo mesmo, der certo.

— Pensando assim, dá para fazer. E isso é fé?

— É fé. Quando você consegue enxergar com os olhos da mente um objetivo como esse, você está vendo com os olhos da fé. Quer dizer, você está tratando algo que você viu hoje como algo que já está destinado a acontecer. Você viu, você acreditou, e agora vai viver de acordo com essa fé. Fé é algo que se vê com os olhos da esperança.

— Tá... acho que entendi. Não é difícil fazer isso de fé. O difícil é acreditar que vai acontecer.

— É aí que entra a esperança. Se a fé é algo que você enxerga com os olhos da mente, a esperança é aquilo que carrega você até o objeto da sua fé. Dá para entender.

— E... não é a mesma coisa?

— É parecido, eu sei, porque as coisas andam juntas. Mas pense dessa perspectiva: a pessoa que tem fé, mas não tem esperança, é uma pessoa que consegue enxergar um mundo perfeito no futuro, mas não consegue andar na direção desse futuro porque não acredita que seja possível. A esperança é uma espécie de confiança que a gente deposita no sistema de que as regras vão se aplicar corretamente e que o futuro perfeito pode acontecer, pode ser alcançado porque o caminho existe. A fé faz a gente ver, a esperança nos carrega.

— É um pouco demais de informação para processar, mas acho que captei. Como isso pode me ajudar?

— Se seu objeto de fé é o mapa e tudo que ele carrega de significado, você pode, por exemplo, enfrentar dificuldades e colocá-las em perspectiva. Quer dizer, para fazer o que você quer é preciso primeiro cursar engenharia elétrica, certo? Você não passou este ano, mas não passou este ano. Quer dizer que sua vida não acabou, que seu sonho está em pé e sua fé nesse sonho também. Quando você raciocina assim, está exercendo a esperança de que o ano que vem pode ser diferente, que um fracasso não vai te derrubar porque existe uma coisa mais importante: o mapa e tudo o que ele significa. É aí que a esperança te carrega de um passo para o próximo, até que o sonho de fé seja seu. Entendeu?

O menino parecia não estar acreditando no que estava ouvindo. Seu fracasso era só de agora, não era definitivo. Tudo o que importava era o mapa.

— E o que faço quando chegar lá?

Estava tão empolgado que respirava fundo e soltava o ar com rapidez.

— Invente um novo sonho, escolha um novo objeto de fé, de preferência algo bem elevado.

— Nem sei o que dizer.

— Então, não diga nada. Deixe que eu digo. Deixe que a decepção de hoje fortaleça você e te deixe mais preparado para enfrentar melhor a carnificina que se chama vestibular. Você precisa ter para onde olhar se quiser se orientar depois de uma queda. Foi assim que aprendi a pensar quando tinha sua idade e estava passando pela mesma barra que você. Hoje, sento do seu lado tendo falhado cinco vezes no vestibular para medicina, mas realizado porque meu sonho de ser cardiologista se realizou. Esse era meu mapa. E nunca mais deixei ninguém me diminuir. Eu mesmo me proibi de fazer isso. O leite derrama, a gente chora o leite derramado, depois levanta, chacoalha a poeira e vai em frente porque tem a esperança como companheira. Entendeu?

Jurou ter visto um brilho nos olhos no menino. Tinha até se endireitado quando foram tomar um sorvete.

— Vamos andar, quero te ensinar uma técnica de relaxamento para você usar durante seus estudos e durante a prova.

E o mundo ficou melhor. A trevas se dissiparam.

CASOS NÃO POR ACASO

Jeferson

Jeferson construiu para si uma reputação, uma imagem que vem à mente das pessoas quando pensam sobre ele, sobre como ele conduz as coisas dentro da empresa. Mais que uma imagem, é uma realidade. As conversas, as atitudes a força que emana.

Jeferson vai precisar de toda reputação que puder juntar. Como acontece com todo grande gestor, um dia será desafiado para acima de suas forças e habilidades. É o momento em que todos contam com ele porque sempre puderam contar no passado. O passado projeta o futuro. Sua carreira está num momento de verdade, e a carreira de muita gente está no fio, as pessoas que depositam esperança nele.

Tudo porque sua empresa comprou outra empresa. Empresas compram outras empresas para crescer, para se manterem competitivas, para alargar horizontes. Empresas precisam de gente como o Jeferson para fazer com que a fusão funcione. A engenharia financeira, sobre fatia de mercado e outras tecnicidades, não garante a "engenharia" com as pessoas. As pessoas querem horizontes, desafios, mas não querem se engenharizadas.

Jeferson sabe. Ainda assim tem ouvido das pessoas, de várias delas, que ele é o único com as habilidades de resolver as dificuldades e as inseguranças que o rodeiam. Seus pares, seus funcionários, querem ver o verdadeiro Jeferson aflorar e voltar as coisas para seus próprios eixos.

A empresa de Jeferson comprou outra empresa e muita gente está entrando na equipe. Isso vai além do mero medo de ser substituído.

— Será que continuo na minha função? Vou ter que ir para outra área?

— Será que, com tanta gente, o bônus do fim de ano vai ser mantido? Vou perder parte do bônus por causa do pessoal que está chegando?

Insegurança. Ela não faz bem para a mente nem para o desempenho. Insegurança é o que Jeferson precisa enfrentar.

Como ele pode enfrentar a situação?

Reavivando a fé que as pessoas têm nele, reavivando a esperança de que, com ele, conseguirão dar um passo, e depois outro, e outro ainda, até aquele ponto em que a insegurança saia do nível paralisante.

Marina

Marina tem uma genialidade aparente a todos que a conhecem. E somou à preciosidade, o fato de ser — também — uma pessoa empreendedora.

Não se admira que hoje seja a empreendedora de uma *startup* financeira, no topo da tecnologia e do conhecimento. Desenvolveu com os sócios uma aplicação financeira que lida com empréstimos, aplicações e administração de recebíveis. A solução é forte o suficiente para chamar a atenção de um grande banco brasileiro. "Quer vender?", perguntaram. E botaram uma proposta na mesa.

Seria perfeitamente razoável que Marina aceitasse a proposta. Ela poderia, por exemplo, embolsar um bom valor e começar outra *startup* de sucesso. Conseguiu uma vez, por que não conseguiria uma segunda vez?

Marina tem sócios, não tomará sozinha a decisão. Mas fica incomodada, mesmo imaginando o bolso cheio de dinheiro. Imagina como seria um futuro se ela continuasse a *startup*, criando e ousando, fazendo o pote de ouro ficar maior e mais saboroso.

Alguns sócios querem vender agora. A questão agora é se Marina conseguirá vender sua fé para os sócios, estimulá-los a enxergar um futuro ainda mais brilhante. Claro que existem os riscos, mas a esperança de que a fé se refere a algo real pode conduzi-los através das eventuais dificuldades. Ela deseja o grande prêmio, quer a chance de que a fé seja realizada por meio da esperança.

Bem capaz que ela consiga.

REFLEXÕES

Quando vemos com os olhos da mente um futuro desejado e acreditamos que é um mundo possível, é fé. Quando passamos por dificuldades e nos lembramos do sonho, é esperança. A fé enxerga, a esperança carrega.

Algumas experiências corporativas mexem com as pessoas num nível mais profundo que o puramente corporativo. Sobem para outro patamar ou descem mais fundo. São os momentos em que um projeto nos enleva porque mexem com nossos sonhos. A empresa tem um desafio, esse desafio entra em ressonância com seus sonhos. Cumprir sua parte no projeto não é uma tarefa apenas, é um chamado. O sonho é a fé, o dia a dia inspirado pela fé é a esperança.

O melhor companheiro da fé e da esperança é o amor. O amor é importante por um motivo simples: ele não acaba.

Imagine que você acredita num mundo perfeito que existe nos seus sonhos, num futuro distante. Você precisa de fé para enxergar esse mundo, para acreditar que ele existe. Você precisa de esperança, que é caminhar enquanto olha com os olhos da fé. Quando o mundo perfeito se realizar, não haverá necessidade de fé, pois você estará vendo com os próprios olhos seu sonho. E não haverá necessidade de esperança, porque ninguém precisa esperar por algo que já chegou. Mas o amor permanece. No mundo perfeito das pessoas, o amor sempre está presente. O amor é eterno.

Exercer a fé e se deixar carregar pela esperança é um jeito de ir, todo dia, se preparando para o amor como ele deve ser. Tudo o que incentivar a fé e a esperança estará alimentado o amor. Deve ser por isso que as organizações e suas lideranças sofrem com projetos de longo prazo, em que a energia se concentra no que está lá e não no que está aqui. Mais sobre a chegada do que sobre a jornada.

É o mesmo que viver uma vida construindo projetos com sua companhia de vida, como um casal de engenheiros inexperientes, alocando a satisfação nas obras prontas e desqualificando o dia a dia da construção. Fé no distante, esperança como caminho, sem amor.

O amor vence o medo e a incerteza do caminho. O que vence a raiva insana não é o amor, é psicoterapia. Mas o medo só se dissipa com o amor.

Quando estiver com medo, lembre-se da fé em um mundo perfeito. Lembre-se de deixar-se carregar pela esperança e restitua o amor que embebeda a fé e a esperança.

E mergulhe nessa profundidade.

Uma liderança com fé naquilo que constrói, esperança para conduzir a jornada e atenta aos atos de amor necessários à vida.

FRAGMENTOS

O pescador sorriu, acabando de redobrar a esperança e julgando que outra vez poderia arriscar o amor.

O FILHO DE MIL HOMENS, VALTER HUGO MÃE

Andar com fé eu vou
Que a fé não costuma faiá.

ANDAR COM FÉ, GILBERTO GIL

Onça é esperançosa, confia em sabedoria dela mesma.

O SOM DO RUGIDO DA ONÇA,
MICHELINY VERUNSCHK

Porque agora enxergamos de modo obscuro por um espelho; mas, então, veremos face a face. "..." Agora permanecem três coisas: a fé, a esperança e o amor.

PAULO, PRIMEIRA CARTA AOS CORÍNTIOS

CAPÍTULO 7

SENTIDO E AS SUAS DIREÇÕES

Sentido é o significado escolhido.

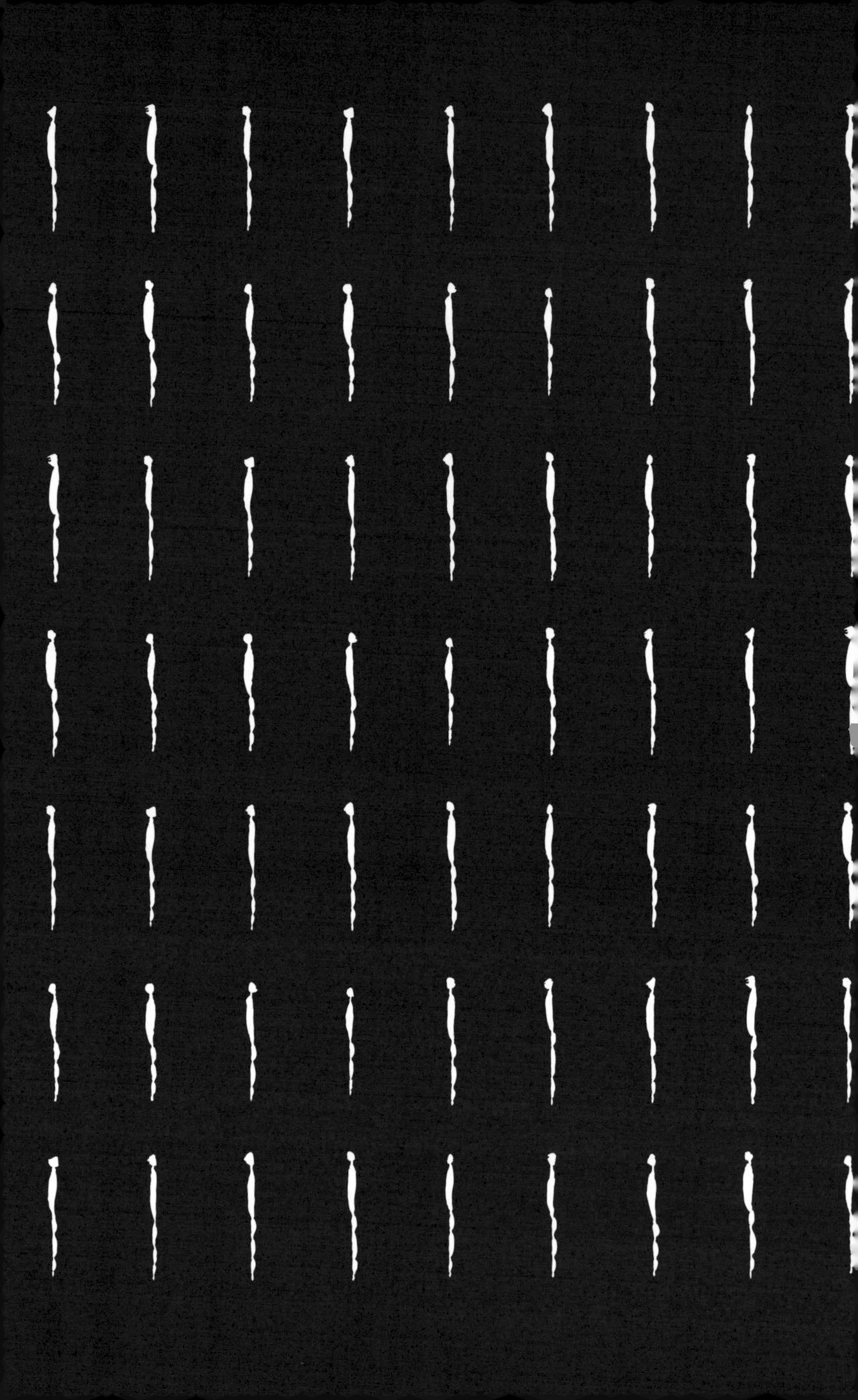

DIÁLOGO

As mentiras na Guerra do Vietnã eram mais predominantes porque essa guerra foi travada sem um sentido. Morte, destruição e angústia precisaram ser constantemente justificadas na ausência de um significado abrangente para o sofrimento. A falta desse significado abrangente incentivou a invenção de fatos, de mentiras, tudo para preencher a lacuna no sentido.

What It Is Like To Go To War
Karl Marlantes

Cena 1

Clara e Clarice, unha e carne, amigas desde antes da fundação do mundo, estudantes de Letras, com hábitos estranhos. Elas gostavam de jogos com palavras, mais do que os amigos de faculdade. Poucos eram os iniciados que podiam participar nesses jogos, que mais pareciam um concurso de esgrima com o palavrório. Quando uma delas acertava uma palavra difícil ou vencia uma argumentação, dava risadinhas de satisfação, cobrindo a boca para parecer menos histriônica. Hoje, elas tomaram sentido.

Hoje foi a vez de Clarice propor o desafio.

— Pois me diga. Qual sentido o sentido tem?

— O sentido é de norte a sul.

— O sentido do sentido é de norte a sul? Mesmo? Que sentido tem essa resposta? Não foi isso que perguntei.

— Ora, minha cara, este foi o sentido que eu dei.

— Defina sentido, então.

— Mil perdões, mas isso não posso fazer. O sentido tem muitos sentidos.

— Escolha um sentido, então.

— Que seja. Vou repetir o que já disse. Numa avenida de duas mãos, direção é o trajeto da avenida. Sentido é, por exemplo, quando se toma a avenida de norte a sul, ou de sul a norte. É um sentido físico do sentido. E você tem algum exemplo para dar?

— Sentido é o significado de uma palavra, por exemplo. Ou de um gesto.

Lembre-se que elas não usavam nenhuma anotação.

— Ou, quem sabe, sentido é o rapaz que fica sentido porque não lhe fizeram os caprichos.

— Sim, neste caso porque o rapaz não tem bom sentido, não sabe se portar nas situações.

— Esse parece ser o caso da moça que pôs seu bom sentido no estudo, concentrou-se.

— Também pode ser aquela senhora que capta bem o sentido de seu entorno e por isso sabe como se comportar.

— Igualmente pode ser o senhor que teve um problema de saúde e perdeu os sentidos, no meio da rua.

— Ou o caso do cientista que estuda os cinco sentidos, que você já sabe quais são.

— O que se pode dizer da pessoa que tomou sentido na situação, tomou tento e agora sabe o que fazer?

— Os legisladores diriam do sentido da Lei, o espírito que a motiva, sua essência.

— Os militares que gritam "sentido!" para que os soldados se endireitem.

— O relógio que anda no sentido horário.

— "Mar de rosas" não tem "mar" nem "rosas". Só vale no sentido metafórico.

— Quem tem "sexto sentido", uma percepção apurada vedada aos comuns.

Elas ficaram quase duas horas nessa toada. Mas ficou faltando mencionar um tipo de sentido.

O sentido para a vida que as duas tinham na amizade e no exercício do cérebro. Muita gente nem sabe se um dia se sentiu assim.

Cena 2

— Não faz sentido. Nada disso faz sentido.

Ainda bem que morava sozinha. Podia falar de si para si mesma, ninguém escutaria, nem a julgaria. Já estava farta de ser julgada.

Podia chorar sozinha, mas não o fez. Não sobraram lágrimas para escorrer. Já tinha chorado tudo, por tempo demais. A dor tinha crispado seu rosto, fazendo-a parecer mais velha. E nem foi apenas isso. Ela se sentia velha por dentro, privada de boas expectativas, de boas e ansiosas perspectivas. O mundo tinha ficado cinza. E tinha passado pouco de seus vinte anos.

Já que não conseguiria chorar por pura falta de lágrimas, optou pela última vez juntar os pedaços da história e ver se encontrava nela algum sentido.

Por onde tudo começou? Estava claro que fora o desmando de proibir o pessoal da produção de jogar o querido pingueponguezinho na hora do almoço. O pessoal, e ela junto, comiam rápido — a comida nem era boa mesmo — e ia direto para a mesa. Raquetes a postos, começava o jogo. A despeito dos melhores cortadores e defensores, todo mundo conseguia jogar. Uns ganhavam apelido de "parede" e outros de "dólar furado". Sobrava diversão para tudo. Cinco minutos antes de terminar o almoço, o povo já guardava bolinhas e raquetes para chegar pontualmente ao trabalho. Uns ficavam enrolando, mas isso é outra conversa.

— Todo mundo sabe que produção não é expedição. Não é possível que alguém consiga confundir as coisas.

Falou sozinha em voz alta, a indignação começando a superar a tristeza.

Teve um pessoal da expedição que não carregou um caminhão na hora certa. E por quê? Porque estavam jogando bola no campinho. Ora, uma advertência, uma chamada à responsabilidade, resolveria o problema. Mas não. O bigodinho queria mais. Queria uma reprimenda severa, geral e irrestrita. Para quê? Para se afirmar. E da fala meio arrastada de uma gagueira mal curada, suficiente para se comunicar, suficiente para se notar.

Primeira ordem: proibir o pinguepong uezinho. Um golpe, uma vez que muita gente, inclusive ela, perdeu aquele momento diário de desestresse. Mas o Bigodinho não sabia que o pessoal da produção não tinha nada a ver com o problema na expedição? Não faz sentido!

O sangue frio da depressão começou a dar lugar ao sangue quente da raiva.

Segunda ordem: proibir qualquer tipo de música. Música distrai, ajuda a passar o tempo e chega mesmo a ajudar na concentração do reparo e reforma no galpão ocupado pelo pessoal da produção. Mas não. As notas foram banidas. Bigodinho devia ter algum tipo especial de satisfação em proibir. Foram os dias mais prolíficos de sua *powertrip*.

O ponto começou a ser mais rigorosamente vigiado. O gerente, conivente, ficava vendo quem se atrasava, quem demorava para voltar do almoço. Um dia o gerente disse a ela, em tom corriqueiro, que agora os funcionários voltavam mais rápido do almoço, e que isso era uma coisa boa da proibição do pinguepongueziinho. Ela, se ardendo por dentro, disse que os funcionários sempre voltavam no horário. Os que demoravam um pouco, por consciência, estendiam o horário para compensar. Ele fez que não ouviu, mais satisfeito com sua atividade de vigiador de ponto.

— Mas como é que não conseguia enxergar o estrago feito pela arbitrariedade autoritária do Bigodinho, você que é diretor agressivo, por que fraco?

A arbitrariedade, que também almejava ver a produção crescer pela motivação do medo, fez exatamente o contrário. Todos os funcionários viraram a chave para o modo "mínimo do mínimo", mas eles — o Bigodinho, o gerente e o supervisor — estavam orgulhosos de si por terem dado uma lição nos funcionários.

E o povo sabendo e lembrando o tempo todo que estavam limpos na jogada, porque o problema tinha acontecido na expedição.

O clima pesou. Poucas conversas, que a raiva deixa ensimesmado o cara gente boa. Esse fica segurando a onda, boca fechada, para não descontar a raiva num inocente qualquer. A música fazia falta. A diversão do pinguepongueezinho também, por falta do desestresse diário. E o clima de desconfiança, de desânimo, de "o que é que tenho que aguentar para pagar minhas contas".

— Não faz sentido, tentei fazer o meio-de-campo, não consigo imaginar o porquê de não terem aproveitado. Pois fui eu quem se voluntariou para o trabalho de intermediação. Bigodinho e trupe de um lado, funcionários da produção do outro.

Aconteceu assim. Ela, por seu temperamento, tinha entrada em todos os setores da produção, mesmo com colegas que não trabalhavam no setor. Ela resolver fazer uma pesquisa de opinião, sentir a temperatura das pessoas no meio desse descalabro. No que foi bem-sucedida. Só um esquisitão se esquivou de conversar, o resto falava de bom grado porque podiam desabafar com a moça confiável.

Depois de três semanas tomando os depoimentos por iniciativa própria, ela tomou o passo arriscado de ir falar com o gerente, que ficava no aquário. O Bigodinho sumiu porque já não havia mais o que proibir. O supervisor não quis entrar nessa água gelada. Sobrou o gerente, com quem mantinha um bom trânsito.

— E tanto que eu fiquei escolhendo a hora certa, o jeito de falar...

Ela andava pela sala, precisando ouvir a própria voz para tentar dar tento ao que aconteceu.

Aconteceu assim. Ela conseguiu encontrar uma boa hora para conversar com o gerente.

— Fulano, vocês já me disseram que para vocês está tudo bem, que as proibições e broncas deram resultado e que todo mundo está feliz. Estou aqui me oferecendo para fazer a ponte entre a gerência e os funcionários. Você quer saber o que está acontecendo.

Por óbvio que ele queria.

— Pois bem, está todo mundo desanimado. Está todo mundo trabalhando, mas sem o mesmo pique. O moral está baixo.

Seguiu-se uma parlamentação do gerente justificando as ações do Bigodinho. Ela esperou. E disse:

— Mas o diretor não conversa com os funcionários. Ele tomou umas medidas pesadas demais e o pessoal sentiu. Eu sei porque conversei com as pessoas.

O clima foi surpreendentemente ameno. Ela basicamente disse que estavam errados e o gerente contemporizou. Pediu para conversar de novo na semana seguinte.

O que se deu na semana seguinte foi a conversa requentada da semana anterior.

Na outra semana, o mesmo.

Na quarta semana o monstro abriu a goela. O gerente não queria amenidades, queria nomes. Nomes para demitir um ou dois e assim liderar com voz ríspida e soco na mesa. Certamente, havia a mão do Bigodinho nisso.

— Mas que situação mais sem jeito! Não faz sentido o cara pedir isso, sendo que o clima pesado eles mesmos criaram com o erro deles.

Ele forçou, ela não abriu. Abriu mais a goela, ameaçando engolir. Ela resistiu, bravamente.

Inteiramente consciente da injustiça sendo ordenada, ela resolveu colocar o pescoço na guilhotina.

— Não vou trair os amigos que me ajudam para atender você que me prejudica.

Essa é a história de como ela foi demitida.

— Não faz sentido!

CASOS NÃO POR ACASO

Paulo

A esposa de Paulo acorda muito cedo. Às cinco horas, ela já está lendo os jornais com uma boa xícara de café na mão. Paulo acorda sozinho às seis, normalmente cinco minutos antes do alarme. Mas nesse dia foi diferente. Paulo acordou às cinco com a esposa o chacoalhando na cama com uma voz urgente. Tinha um jornal em mãos. Como ela nunca tinha feito isso antes, o estômago já contraiu e começou a doer.

Na primeira página do jornal, em destaque, a notícia de que sua empresa tinha sofrido busca e apreensão da Polícia Federal. O federais ainda estavam na empresa, verificando indícios de corrupção envolvendo política.

Chovia, o céu cinza naquela terça de terremoto. Nada que se comparasse com o que ia dentro dele, tempestade de chuva ácida.

Paulo é um gerente de nível médio de uma empresa. Tem bastante gente respondendo à sua liderança. E nessa terça, precisa ir até a empresa e encarar as pessoas do departamento. Claro, todas se perguntando "o que é que eu estou fazendo nessa empresa?". Nada diferente da pergunta que Paulo faz para si.

O que se descortina diante de Paulo é a decisão de ficar ou sair. Se ficar, terá que liderar uma equipe com jeito de quem apanhou com jornal enrolado. A equipe está se sentindo traída, sem falar do prejuízo no currículo. Se ele ficar e não der certo, toma uma surra dupla.

Que sentido Paulo pode dar para uma situação dessas? Como ele poderia olhar para seu entorno e para provar que a empresa vale a pena? Como ele poderia ver os contornos da situação e prover razões para a equipe acreditar numa aventura para cima, em vez de tobogã para baixo? Seja como for, tem uma coisa bonita que poderia acontecer. E se ele convencesse a equipe de que consertar o rombo pode ser uma aventura cheia de significado para todos? Como aquelas dificuldades que nos tornam mais fortes e motivados!

Muita gente, de olhos vidrados por causa do inacreditável, está olhando para Paulo em busca de algum sentido.

Isabel

Na música, existem pelo menos dois tipos de pessoas. Uma é a interessada, que aprende notas e acordes, que segue a cartilha e faz lá o seu som. Outra é aquela que, quando toca, faz você ter certeza de que será concertista. Uma faz uma música disciplinada, correta, e a outra transborda talento e embevece aqueles que têm ouvido para ouvir.

Isabel é aquela que embevece.

Não havia dúvidas na família de que Isabel seria uma grande concertista. O talento escorria de seus dedos e transbordava no instrumento. A carreira já estava traçada e ela achava ótimo. Viver de música, respirar música, obter reconhecimento por meio da música.

Você conhece o tipo: jeitão de nerd, disciplinada, intelectualizada, que passa um batonzinho, não mais que isso.

Nada é perfeito e as pessoas não duram para sempre. No caso de Isabel, foi o pai que faleceu.

Não foi apenas a dor da perda. Logo se impuseram medidas práticas. A que mais importava no momento era quem assumiria a empresa do pai. Filha mais velha, Isabel viu-se sem opção e assumiu a direção de uma empresa de tamanho médio atuando no mercado de estética.

Parece a receita do desastre. Uma moça que poderia ser uma grande concertista assumindo uma empresa que não lhe dizia muito respeito: a estética. Música e apenas um batonzinho enfrentando o desafio de administrar uma empresa de estética. Difícil imaginar uma situação em que a perda de um pai tenha sido mais intensamente sentida.

Que sentido faz? A única coisa que ela sabia é que teria que prover para a mãe idosa e os irmãos menores.

Os anos se passaram e o resultado não foi o esperado. A musicista capitaneando uma empresa? Pois ela foi muito bem, fez a empresa crescer. Crescer mais do que um pouco, aquele pouco que pode não passar de uma variação estatística. Crescer bastante, de maneira vistosa. Ela regeu com sua batuta e o que veio foi talento, agora na administração.

Um dia, Isabel foi a um concerto com um maestro famoso. Sabe-se lá que doces sensações e memórias o concerto trouxe à tona. Ela teve uma *gestalt*, aquela sensação de estar unido a algo de maneira emocional, não cerebral. Ela entrou mentalmente no palco, tocou junto com o solista, regeu junto com o maestro. Sentiu com as vísceras que poderia ser ela ali.

Como ficou a cabeça de Isabel depois desse concerto? É como se ela tivesse que escolher entre dois sucessos, dois talentos. Ninguém imagina que pessoas multitalentosas sofram tanto.

Que sentido Isabel dará à situação? Ela já venceu na música, já venceu nos negócios. E ela sempre terá um talento para tirar da manga e vencer de novo.

REFLEXÕES

A Terceira Margem do Rio é um dos contos mais enigmáticos de Guimarães Rosa. É misterioso e é triste. Diferentemente de *Sorôco* e *O espelho,* em *A Terceira Margem do Rio* esconde e amua na sua linguagem fechada.

Conta a história do misterioso pai de um menino que resolve se lançar num caminho desconhecido. De poucas palavras, o pai encomenda uma canoa, pega umas coisas e entra no rio para nunca mais voltar. A família não entende. Passam-se os anos e ninguém sabe bem como ele se alimenta, como suporta sóis e chuvas e friagens. O filho não consegue ir embora como fizeram a mãe e outros da família. Ele amarga uma sensação de culpa, como se o pai tivesse abandonado, à distância de uma canoa. E ele simplesmente fica cuidando de deixar comida e mudas de roupa para o pai. As aparições são raras e desfocadas, imagens que mais angustiam do que consolam. E assim ele vai vivendo "no devagar depressa dos tempos".

O menino cresce até embranquecer os cabelos, sempre na expectativa pelo pai. E diz: "Sou culpado do que nem sei". Na ausência de explicação pela ausência próxima do pai, ele se escolhe como culpado:

> *Sei que agora é tarde, e temo abreviar com a vida, nos casos do mundo. Mas, então, ao menos, que, no artigo da morte, peguem em mim, e me depositem também numa canoinha de nada, nessa água, que não para, de longas beiras: e, eu, rio abaixo, rio a fora, rio adentro — o rio.*

Era uma questão de tempo que a possibilidade da morte viesse atormentar o menino-homem-idoso. Já pensa em também arrumar uma canoinha simples e tentar que o rio lhe ponha alguma significado na vida: "e, eu, rio abaixo, rio a fora, rio adentro — o rio".

A história é triste em si, mas também é triste por conta de tanta gente que vive assim, sem a coragem ou sem a habilidade de escolher e deixar para o rio tomar a decisão do caminho, vestido apenas de uma canoinha qualquer. O resto da família tomou um rumo quando percebeu que a situação era sem jeito. Só o menino-homem-idoso ficou, e por culpa autoimposta.

Fazendo um recorte do conto, podemos extrapolar a narrativa para perguntar o que você está fazendo com sua vida. Mais precisamente, o que você está fazendo agora. Agora que você é você "em suas circunstâncias", como dizia Ortega y Gasset.

O que Paulo e Isabel fizeram com o que a vida impôs? Chegaram à conclusão de que um ciclo tinha terminado, ou que um novo ciclo tinha acabado de começar? Essas não são questões simples, como raramente simples é a vida. São questões de sentido, de significado. É possível errar e deixar de viver por conta de uma culpa que talvez nem seja sua.

O sentido tem entorno, tem contexto, tem contorno. É um caminho de significado que você acha, é a consciência apaziguada de quem topa pisar em terreno minado. Sentido é significado escolhido.

Esse é um bom jeito para você pensar no seu momento profissional: sentido é significado escolhido. Você recebe do mundo o entorno, o contexto e o contorno. Para Paulo é o desafio de responder à pergunta "Será que vale a pena pegar essa quebradeira e construir um novo significado?". Ou talvez "Será que vale a pena pegar essa quebradeira se não acredito mais na instituição?".

Para Isabel, o significado escolhido será "Serei para sempre uma pessoa frustrada porque não segui minha paixão?", ou "Eu não sabia que tinha talento para os negócios, que traz para mim suas próprias e peculiares paixões".

Dizer que o "sentido é o significado escolhido" é o mesmo que se perguntar "o que quero dizer ali?". Qual o significado naquelas circunstâncias, o que você quer dizer ali, ou seja, que sentido tem sua existência? Quer dizer, em que sua existência contribui para o desafio batendo à porta? O que você reconhece como seu nesse mundo em que vive? Você entra em ressonância afetiva com o quê? Com quem? Porque sentido e significado tem muito a ver com o que você é — sua vocação na sua realidade — a vida em movimento.

Para o menino de *A Terceira Margem do Rio,* a vocação era esperar por um pai sem jeito. Era essa sua ressonância afetiva. Para ele, a vida em movimento trilhou sobre a culpa que acolheu, matando nele até mesmo as poucas perspectivas de um ribeirinho. Por isso, o menino envelheceu, mas não virou homem. Envelheceu, mas só tem uma história triste para contar.

Vamos voltar ao Paulo e fazer conjecturas e tecer perceptivas corajosas. Paulo é acordado às cinco da manhã e vê a notícia da intervenção da PF. A sujeira da corrupção entre mundo corporativo e mundo político é esfregado na sua cara antes mesmo que consiga acordar. Essa é a sensação que ele teve. Teve engulhos de ligar uns pontos suspeitos que pareciam desconectados. Foi ali mesmo que ele decidiu que ficaria para pôr ordem na casa, pelo menos na parte da casa que tinha assumido. Não sentiu o gosto do café, não apreciou o banho quente, só tinha reverberando: "Eu quero consertar isso. A empresa é mais do que a sujeira que fizeram". A sensação que teve foi quase espiritual, como se fosse um chamado ou algo equivalente. Resolveu levantar e liderar, virar referência numa situação que ninguém conhecia.

Sem vaidades. Sem palavras ao vento. Até que o silêncio do corajoso permeasse o entorno, o contexto, o contorno. Sua equipe ressoaria com ele.

Podemos dar um bom final para Isabel. Talvez não tão dramático, mas igualmente corajoso.

O teatro é lindo. Isabel está assistindo a um concerto que adora. Nas primeiras notas explode o talento do regente. A orquestra está em mãos de anjo. O solista, pianista como ela, parece ter entrado em transe, respondendo com seu corpo e expressões a divindade da partitura. Ela se enleva, se embevece, também é catapultada para outra dimensão que não experimentava fazia sete anos. Diz para si, "essa sou eu".

Só que acontece uma coisa diferente da imaginada. Quando o transe termina, ela está na poltrona, não no palco. Ela sentiu-se divina durante o concerto, mas, no final, viu-se como espectadora. Ela vibrou e ressoou como música, mas voltou para a terra como empresária. Intimamente, corporalmente, ela entendeu que sua melhor música era tocar pessoas, não as teclas do piano. Encontrou alegria de honrar o pai saudoso realizando o sonho dele no lugar dele e se achando durante o caminho. Deu uma vontade de voltar ao básico.

Quis ir a uma *trattoria* comer espaguete ao pesto. O básico, feito com talento, é mágico. E dormiu muito bem. Só ressonou. Só ressoou.

***

Sentido é significado escolhido. O significado fica aparente quando conseguimos afirmar o que queremos dizer. Não "querer dizer" de uma ordem, mas o "querer dizer" de "significar". O "ali" é o entorno, o contexto, o contorno da situação: você é você nas suas circunstâncias. É entrar em ressonância com essas circunstâncias e ali encontrar significado.

Por fim, pessoas seguem pessoas que acreditam em algo.

Karl Marlantes disse a respeito da guerra do Vietnã: "A falta desse significado abrangente incentivou a invenção de fatos, de mentiras, tudo para preencher a lacuna no sentido". Olhe suas circunstâncias e descubra qual é o seu sentido, aquele significado que escolheu. E depois saia para liderar, porque as pessoas perceberão que você acredita em algo que as inspira. E se você é você e suas circunstâncias, considere um convite para mudar as circunstâncias em benefício de todos. Entorno, contexto e contorno agradecem.

Uma liderança com sentido, não aponta sentidos. Revela aqueles que estão presentes e construídos pela comunidade que lidera.

FRAGMENTOS

Apertava o coração. Ele estava lá, sem a minha tranquilidade. Sou o culpado do que nem sei, de dor em aborto, no meu foro. Soubesse — se as coisas fossem outras.

A TERCEIRA MARGEM DO RIO,
JOÃO GUIMARÃES ROSA

Existem bandas das quais as pessoas
gostam, algumas bandas que as pessoas adoram
e depois existem algumas bandas
nas quais as pessoas de fato ***acreditam.***
The Clash me inspirou como nenhum
outro grupo de músicos.

THE NEW YORK TIMES, 24 DE NOVEMBRO DE 2021

Não fales palavras vãs.
Desfaze-te da vaidade triste de falar.
Pensa, completamente silencioso.
Até a glória de ficar silencioso.
Sem pensar.

CÂNTICO III, CECÍLIA MEIRELES

Quem — além de determinadas crianções que de fato se encontram nas ciências naturais — ainda acredita que as descobertas da astronomia, biologia, física ou química podem nos ensinar alguma coisa a respeito do significado do mundo?

THE OXFORD DICTIONARY OF SCIENTIFIC QUOTATIONS, MAX WEBER

Thomas Mann se coloca no lugar de Tchekov, "..." que fica devendo resposta à pergunta "O que devo fazer?": irmãos no sofrimento que não conseguem nomear o sentido do seu trabalho — e, que, no entanto, trabalham, trabalham até o fim.

DIVERSOS, THOMAS MANN: O ESCRITOR E SUA MISSÃO

CAPÍTULO 8

CIÚME ENGASGADO

O ciumento não é paciente. Também não defende seus direitos legítimos. Ele perversamente preda, furtivamente, a liberdade e as energias do objeto de seu ciúme.

DIÁLOGO

Cena 1

— Oi mãe, tudo bem?

— Oi, minha filha. Estava pensando em você. Já ia te ligar. Você está bem?

— Bem não estou não. Estou ótima!

— Nossa! Quanta animação. Me conta aí as novidades. Arranjou marido?

— Não mãe, que marido que nada. Eu ganhei um prêmio na empresa.

— Prêmio? Prêmio de quê?

— É um prêmio de inovação que eles dão para os funcionários que se destacam. Foi uma surpresa e tanto.

— Ué, você não estava esperando? Não estava nem desconfiada?

— Que nada, nem imaginava. Até agora não estou acreditando. Ganhei até dinheiro!

— Muito dinheiro? Precisa me levar num lugar chique para comemorar.

— Duas vezes o meu salário, e lembra que eu recebi um aumento faz dois meses.

— Mas que beleza, minha filha! Estou orgulhosa. Foi hoje?

— É, foi hoje, ainda estou eufórica. Eu já tinha até me esquecido daquele projeto.

— Que projeto? Agora você vai ter que me contar tim-tim por tim-tim. Seu plano de celular é ilimitado, certo?

— Faz um tempo, falei com o pessoal da diretoria que queria fazer uma experiência. O pessoal do setor de criatividade tinha chegado numa espécie de limite que não conseguia ultrapassar.

— Mas como você sabe disso, menina? Você é dona da empresa para ficar andando pelos departamentos?

— Não, mãe. Sou o que o pessoal da empresa chama de multiplicadora. Eles acham que entendi a cultura da empresa e acham também que sei passar para diferentes pedaços da empresa. Por isso é que sabia o que estava acontecendo com o pessoal de criação.

— Mas o negócio estava mal? Eles não estavam criando nada?

— Ih, mãe, é bem ao contrário. Eles estavam bem, mas eles achavam que podiam fazer mais e não sabiam como conseguir. Foi nessa brecha que entrei, foi minha oportunidade.

— Menina esperta, hein? Bem como eu ensinei.

— Foi mesmo. Mas nem achei que a coisa tinha sido assim tão importante para ganhar prêmio. Gostei de fazer o trabalho e, quando acabou, fui fazer outro, sem expectativa nenhuma. Prêmio? Nunca nem passou na minha cabeça.

— Mas você está enrolando. O que foi que você fez de tão maravilhoso?

— Nada, mãe. Eu só achei que a arrumação das mesas estava separando as pessoas que deveriam estar conversando. Entrevistei todos os funcionários e propus um rearranjo da mobília para aproximar aqueles que deviam estar próximos.

— Só isso. E isso dá prêmio?

— Ué, dá né. A diretoria não se incomodou porque não precisava gastar dinheiro, era só rearrumar os postos.

— Mas o que aconteceu depois?

— O pessoal da criação gostou tanto que naturalmente conseguiram ultrapassar aquela barreira que estavam sentindo na criatividade. Eu acompanhei os números, fiquei feliz com os resultados e fui para a tarefa seguinte.

— Não estava achando nada demais e ganhou um prêmio. Eu nem devia estar surpresa. Você sempre foi assim. Fazia coisas que ninguém conseguia, mas não ficava se vangloriando. Esta é a minha menina. A mulher que eu criei.

— Não fala assim, mãe, que fico sem graça.

— O que você não conseguia do seu jeito você resolvia com o charme que herdou do seu pai e o sorriso cativante. Ninguém podia com você.

— Não fala assim, mãe, me dá vontade de chorar.

— Se for de alegria, pode chorar que fico aqui esperando.

— Não perde o sarcasmo, né, mãe?

— Não mesmo. Mas te chamaram na diretoria e deram o prêmio?

— Que nada. Chamaram todo mundo do andar e anunciaram o prêmio. Recebi elogios que não imaginava. Tem um ou outro que ficou contrariado, mas a maioria aplaudiu com gosto.

— Nossa! Que surpresa, hein? Você merece, minha filha, você merece. Tanto que estudou...

— Bom, parece que deu certo. Liguei só para contar isso. Achei que você ia gostar.

— Eu adorei! O que agora você podia fazer é arranjar um namorado e ir viajar um pouco.

— Ah, isso de novo, namorado, mãe? Não tenho tempo para essas coisas...

Cena 2

Happy hour é a hora de muitos monstros se soltarem. Desta vez, no mesmo dia em que ela ganhou o prêmio.

— Você viu a patacoada de hoje? Me deu até engulhos.

— Não sei o que a diretoria vê naquela menina.

— Ela é mesmo uma pessoa irritante, sempre distribuindo sorrisos frouxos para lá e para cá.

— Ih, quando ela passa perto da minha mesa eu finjo que não é comigo, saio para tomar um café ou vou ao banheiro.

— Ah, eu faço a mesma coisa. Não aguento aquela vozinha de "olha como eu sou legal".

— E mesmo que ela fosse grande coisa, ganhar o prêmio de inovação? Aí já foi demais.

— Cara, ela levou três vezes o salário duma vez para casa. Eu faria muita coisa boa com um dinheiro desse.

— Nem diga. Ela devia gastar com um psicólogo para deixar de ser tão falsa.

— Isso, falsa, era isso que eu queria dizer. E com dinheiro na mão.

— É muito injusto, muito injusto.

— Outro dia, ouvi uma menina do financeiro dizendo que ela é genial. Genial o caramba! Só se for genial na politicagem.

— Imagina! Ganhar aquele dinheiro para mudar mesa de lugar. Não falta mais nada acontecer.

— A gente que é injustiçado. A gente faz direitinho nosso trabalho sem sermos reconhecidos. A gente também deveria ganhar um prêmio.

— Isso mesmo. Essa gente metida só usa a empresa para se autopromover. É um absurdo isso.

— Se eu tivesse tido um pistolão, as coisas seriam diferentes.

— Mas ela teve pistolão? QI? Quem foi que a indicou?

— Eu não sei, mas deve ter tido. Senão, como ia ganhar prêmio com arrumação de cadeira? Só pode ser isso.

— E isso se não estiver, digamos, agradando o chefe, se é que você me entende.

— Bem, pode ser. Para isso só precisa ser competente na vagabundagem.

E o *happy hour* continuou ladeira abaixo. Até o ponto mais baixo, que é um dizer ao outro, com voz pastosa, "Você sabe que eu te considero".

Monstros não precisam de álcool. Mas eles adoram.

CASOS NÃO POR ACASO

Márcio

Francisco é o irmão mais velho de Márcio. Francisco é muito inteligente, daqueles que tiram notas altas. Mais altas do que as de Márcio.

Francisco é um cara expansivo, para ele é fácil conhecer pessoas e estabelecer vínculos. Márcio é tímido, não arrebanha as pessoas ao seu redor como o irmão mais velho.

Francisco joga futebol. Mais, ele é capitão do time, o que lhe permite uma enorme visibilidade. Márcio não tem essa cancha.

Ninguém toca no assunto, mas pais têm filhos preferidos. Francisco é preferido como um menino de ouro. Márcio ocupa um honroso segundo lugar.

Antes que alguém fique com pena de Márcio, é preciso que se diga de seus méritos. Ele é muito inteligente, é dono de uma mente que tritura uma enormidade de números e os transforma em gráficos, tendências e soluções. É a mente analítica que todo mundo gostaria de ter numa empresa.

Ano passado ele rompeu linhas proibitivas na financeira onde trabalha. A primeira tem a ver com o mercado futuro de produtos agrícolas. Muitas previsões, até aquele momento, davam errado, muito errado e ninguém sabia o motivo. Os cálculos das estatísticas apontavam um erro de 10% nas estimativas, o que é aceitável, mas eles encontravam 40 e 50% no mundo real. Precisou da mente analítica para descobrir que uma das variáveis, para a qual ninguém ligava, tinha uma distribuição logarítmica em vez de linear como todo mundo pensava. Aí as previsões ficaram exatas, todas dentro da tolerância de 10%. Um grande avanço, um *breakthrough*, como se diz.

As financeiras sabem que existe uma relação entre a variação do risco e sua entrada numa aposta financeira, especialmente em carteiras arriscadas. Todo mundo sabia que existia um número de convergência para isso. Se for maior do que "tanto", então não devem assumir o risco. Isso era de domínio público. O que Márcio fez foi calcular este número, uma espécie de número de não retorno, para cada tipo de aplicação. A aplicação X tinha um valor máximo de dez desvios padrão para cima. Acima disso, havia uma chance alta de perda, abaixo, o risco ficaria pelo menos empatado.

Qualquer empresa se beneficiaria bastante do trabalho de Márcio. Não é à toa que ele ocupa uma posição de superintendência, na beira de uma diretoria. E de fato a vaga foi aberta. Márcio foi cotado para a posição junto com dois outros colegas. Apesar de tímido, Márcio tinha sua maneira peculiar de liderar. Mas foi preterido, porque é tímido demais para aquela função, falta-lhe articulação na empresa. Pensando bem, o diretor precisa representar bem a empresa, para fora e para dentro.

Márcio ficou de fora, e isso o consome. Desceu mal a notícia de que tinha sido preterido. E agora ele terá que tratar desse sentimento.

Nara

Quem estava lá não esquece. O grupo de funcionários estava lá embaixo, uns acabando de dar a última baforada, outros implicando com o colega e rindo da troça e, por sua vez, sendo troçados. É um tempo alegre para consumir os últimos minutos, antes de terminar o horário de almoço.

Tudo num tom de pilhéria. "Você é folgado", dizia um. "E você um nervosinho ansioso", respondeu o outro. "Você é muito certinho, arre", disse um. "E você é muito desastrado", respondeu o outro. E assim por diante. Clima bom, brincadeira boa.

Foi então que um deles disse assim. "E aquela Nara, hein? Tadinha, não sabe de nada a moça!". Todos caíram na risada. Porque não há um único santo que questione a capacidade vultosa da Nara.

A carreira de Nara é como uma seta que conhece seu rumo, o alvo. Entrou na empresa como *trainee* e foi galgando postos. Quem a conhece achava a coisa mais natural o seu sucesso. Não que todos se alegrassem.

Nara é uma espécie de queridinha na empresa. Tem trânsito com a diretoria e com os funcionários, trata todo mundo com a mesma deferência. E isso tem seus efeitos práticos. Não existe nenhum projeto de integração para o qual Nara não seja chamada. Ela encarna, com graça e competência a cultura da empresa, e sai por todo canto multiplicando a cultura. E, como se fosse pouco, Nara também tem aptidão para vendas.

Onde há gente bem-sucedida, há ciúme. Nara não se considera acima das outras pessoas, mas muita gente insegura a considera uma ameaça. Nara costuma ser assunto nos cafezinhos, e nem sempre os comentários são elogiosos. "Ela se acha", diz um. "Não aguento aquele ar de superior que ela tem", diz outro.

Nara é competente, nem por isso é boba. Percebeu que seu sucesso vinha com o peso de crítica injusta. Aprendeu a perceber nos olhos do ciumento a insegurança traiçoeira. Sofreu muito até perceber, e sofreu bastante até acreditar que é isso mesmo, que existe gente assim. Mas quando se aprumou, colocou isso na conta dos custos da sua atuação. E desde então as coisas se encaixaram. Em vez de brigar, Nara faz elogios aos ciumentos, o que eles adoram, embora o efeito dure apenas uma reunião. Ela aprendeu a neutralizar o veneno do ciumento. Com um virtuosismo admirável, Nara aprendeu a lidar com os ciumentos. A carreira dela vai muito bem, obrigada.

Prestigiada pelo presidente e por seus pares, Nara é a companhia preferida dos competentes que querem aprender a ser tão afiados quanto ela. Infelizmente, isso nunca impediu a proverbial ciumeira dos namorados, e agora do marido. Nara circula em ambientes muito masculinos, e isso desperta insegurança.

Esta é Nara, uma mulher virtuosa. Ela sabe manter seu talento cobrindo insegurança com afirmação e se desviando do ciúme.

REFLEXÕES

O ciumento precisa ser paciente. Ou melhor, talvez ele seja obrigado a seguir os passos do objeto do seu ciúme e tenha que conviver com seus não-tenhos um dia depois do outro, e no dia seguinte também.

O ciumento precisa fazer valer seus direitos. direito a privar o objeto de seu ciúme de sua liberdade, de toldar a confiança, de ser um buraco negro que nenhuma demonstração de afeto fecha. Dia sim e outro também, assim como amanhã e depois de amanhã.

Não, o ciumento não é paciente. Também não defende seus direitos legítimos. Ele perversamente preda, furtivamente, a liberdade e as energias do objeto de seu ciúme.

A falta que caracteriza o ciumento é a inveja, que gera o ciúme que, por sua vez, gera consequências. A principal destas consequências é a solidão, solidão sem jeito porque tudo no ciumento começa com uma falta.

A sabedoria bíblica tem duas maneiras de caracterizar o ciúme. De um lado, o apóstolo Paulo, falando na cidade de Roma. Num momento ele coloca ciúme ao lado do alcoolismo (Romanos 13:13) e, falando aos seus irmãos na cidade de Corinto, diz que o amor não arde em ciúmes (1 Coríntios 13:4). O que nos permite concluir que o ciúme é um vício e que está bem longe do amor. O ciúme é como uma chama que se esqueceu do que é aquecer, e agora só queima, um dia e outro também, assim como amanhã e depois.

Rubem Alves descreve, em *O Ciúme,* um outro processo ciumento:

Ele a vigiava, silenciosamente o felino a vigiava. E a sua vigilância se exacerbava quando ela sorria ou ria. Como explicar esse sorriso se ele, o seu marido, não estava dentro do livro? Ela não precisava dele para ser feliz. Mergulhada no seu livro, o seu marido não existia. E isso não é o anúncio de uma infidelidade possível? Ter prazer com algo que não era ele, o seu marido... O prazer acontecia na ausência dele. A infidelidade com o livro anunciava a possibilidade de grandes infidelidades. E isso o torturava. Tortura que não o abandonava nem nos momentos de intimidade prazerosa.

Um ciumento não tolera a liberdade.

Mas aí algo aconteceu que o tranquilizou. Sua esposa adoeceu. Uma mulher adoentada é um pássaro de asas quebradas que não sonha e nem poderia jamais voar. Um pássaro de asas quebradas não planeja voos proibidos. Pássaros de asas quebradas são confiáveis.

Normalmente, o ciumento é delicadamente hostil, traiçoeiramente dissimulado. De tempos em tempos explode na sua lava de exigências, de "não-me-amas-só-a-mim-eternamente". Quem se relaciona com um ciumento com o tempo perde o viço, começa medir gestos e palavras, fala com poucas pessoas, esvazia-se e enfeia-se. Se amor e liberdade são contrários do ciúme, livrar-se dele é recuperar a liberdade que possibilita o amor.

Um bom lugar para colocar o ciúme é na sala do psicoterapeuta.

***

Como Salieri lidava com Mozart? Salieri era o principal compositor da corte austríaca no fim do século XVIII, surfava supremo até a chegada do prodígio Mozart, com sua música sublime. Para Salieri, a composição era um processo regrado, bem pensado. Para Mozart, a música brotava pelos poros. Numa sala de audição com Salieri e Mozart, Mozart seria elogiado e paparicado, e Salieri teria que se contentar. Não é fácil a vida de quem convive com alguém do talento portentoso de Mozart.

Salieri reagiu com ciúme e tentativas de desacreditar Mozart. Esforçou-se. Não lhe ocorreu nenhuma outra maneira de lidar com a situação.

Márcio tem essa tarefa. Era superintendente, queria ser diretor. Foi cotado para essa nova posição, mas foi preterido porque não era exatamente uma pessoa de trato fácil, não se relacionava bem o suficiente com as pessoas para ser diretor. Na escolha, foi o que pesou. Márcio tem sim uma liderança, ao seu jeito comedido. Infelizmente ele não tinha o que era necessário para ser diretor. Acontece.

A primeira coisa que Márcio pode fazer é curtir sua fossa por algum tempo. É preciso absorver o baque antes de sair fazendo coisas e tomando resoluções. Quando esse período passar, Márcio poderia se perguntar honestamente se ele de fato tem o perfil que o posto de diretoria exige. Ele precisa corajosamente considerar a possibilidade de que a empresa estava certa em não o escolher.

Ele também pode se questionar quanto à sua vocação. Números ou pessoas? Provavelmente mais números e menos pessoas. Se for assim, ele pode procurar outras maneiras de ascender na carreira, considerando a diretoria uma espécie de miragem.

Há mais uma coisa que Márcio pode fazer: alimentar o ciúme. Se fizer isso, a vida das pessoas que já estão trabalhando com ele na superintendência vai ficar mais amarga, porque o ciúme amarga o coração. Ele vai usar a esgarçada estratégia de falar mal do novo diretor nos cafezinhos ou em qualquer *happy hour*. Sabidamente, mas sem muita coragem — ciumentos não são corajosos — ele sabotará sua carreira e o correr da vida dentro de uma empresa. Quem encostar em Márcio sentirá um amargor furtivo, mas potente, difusamente corrosivo.

Faça suas preces em favor de Márcio, para que ele supra suas faltas de maneira corajosa, sem ter que esvaziar ninguém no caminho. Porque o Márcio pode ser você.

Uma liderança que reconhece em si suas necessidades de reconhecimento e distribui reconhecimento a cada um que é de direito.

FRAGMENTOS

O apaixonado que desconfia quer manter sob controle até o pensamento do ser amado. Diante de tamanha impossibilidade, ele se tortura e quer o outro cerceado. É a antítese do amor.

O CIÚME, RUBEM ALVES

[O] desespero e aquela mistura terrível de desejo, inveja, amor e autodesvalorização a que chamamos de ciúme.

CONTOS, THOMAS MANN

No geral, as pessoas daqui são de boa índole, pacíficas, mas o sentimento de inveja é talvez o único que não escolhe classes sociais e o de mais assídua manifestação na alma humana.

A JANGADA DE PEDRA, JOSÉ SARAMAGO

Barraco de ciúme é bom quando não é com você.

RITA LEE: UMA AUTOBIOGRAFIA, RITA LEE

[As] infelizes debilidades de uma vaidade sem limites, e um ciúme capaz de desbotar qualquer objeto.

THE PAPERS OF ALEXANDER HAMILTON,
ALEXANDER HAMILTON

CAPÍTULO 9

UM VENENO DE MONOTONIA

A gente sabe pelo menos duas coisas: que uma empresa monótona enterra o bom humor e a pegada de trabalhar, e que uma empresa excessivamente acelerada enterra o tempo e a disposição de refletir.

MONÓLOGO

— Que bom que a patroa topou passar o fim de semana na casa da mãe, assim eu posso fazer meu exercício sossegado. É meio engraçado esse negócio de ficar sozinho e falar em voz alta. O *coach* disse que é bom se ouvir, especialmente nessa fase bem perto de terminar o programa.

— Ora, ele diz que eu sou meio parado, que gosto demais da rotina e tenho que concordar com ele. Mas ainda não estou convencido que eu deveria me transformar num cara ousado, fico olhando os ousados da empresa e acho que a ousadia deles é mais gogó do que qualquer outra coisa, vejo que eles jogam para a plateia. Quando reflito um pouco mais e atravesso a antipatia aos meus pares, sinto que o *coach* tem razão, sou meio acomodado mesmo e esse negócio de ficar se atirando em projetos com alto risco não combinam comigo e nem com uma organização que o ciclo de negócio dura pelo menos vinte anos. Deixa para os ousados mesmo e eles que trabalhem em *startups*. E, de qualquer maneira, eles acabam dando tiro no próprio pé, disso eu sei bem, por isso a maioria das *startups* não duram e sucumbem à prova do tempo, quanto eles, em geral jovens, pulam de empresa em empresa destilando ousadia. Observo bem e dá para ver tudo lá da minha mesa toda organizadinha e das minhas intervenções bem ensaiadas. Talvez alguém me pergunte o porquê e responderia sem pestanejar que as pessoas precisam de alguma estabilidade, ninguém aguenta ousadia o tempo todo. Ousadia também cansa.

— Eu me meti nesse negócio de *coach* com boas alfinetadas do "erreagá" e do meu chefe — influenciado por eles — e agora eu estou numa arapuca. Nós chegamos à conclusão de que preciso ser mais atento as melhorias da minha área e aos movimentos de transformação da empresa, senão as pessoas continuarão achando que sou encostado, apagado. No fundo, no fundo, até eu mesmo já desconfiava disso.

— As pessoas parecem desconhecer o valor de uma boa zona de conforto, aquele lugar com menos esforço em que você valoriza e potencializa (olha que expressão bonita para o *coach*) o que já é bom valorizando a natureza que me foi dada. Te dá um respiro para certas ousadias.

— Então, fica assim. Minha fórmula mágica fica em 80% de monotonia rotineira e 20% de ousadia, que é para não cansar demais.

CASOS NÃO POR ACASO

Maurílio Jr.

Todo mundo conhece alguém que conta sempre a mesma piada nas reuniões de família, rindo sozinho. Maurílio Jr. é um pouco assim. Além da piada repetida, o que ele sempre faz, com grande satisfação, é que tem dois filhos formados na faculdade, e que ele pagou tudo do próprio bolso. Afora as repetições que irritam os de fora, é preciso reconhecer que Maurílio Jr. alcançou um feito para poucos, num país de poucas oportunidades, conseguiu por conta de uma carreira sólida numa montadora. Quem poderia criticá-lo?

Maurílio tem 35. Não de idade, que ele já passou dos cinquenta, são 35 anos de carreira na mesma empresa, coisa que é uma raridade em dias nos quais os millenials já rumam para os trinta. Encontrou um cantinho para chamar de seu e ali se aboletou, trabalhou bastante e ficou atento às movimentações, mas, se podia resolver tudo sentado, ele certamente preferiu. Mesmo assim, deve ter mostrado um desempenho à altura dos cargos que assumiu ao longo da carreira, senão teria sido despedido logo na época em que trabalhava na linha de produção. Da turma que entrou na mesma época, só ele ascendeu na empresa. O restante foi demitido ou mudou de empresa. Tem outro da turma, mas é supervisor de produção. Foi o único que virou gerente. Goste-se ou não do jeito excessivamente seguro dele, Maurílio Jr. abriu seus caminhos.

O Jr. em seu nome carrega um significado. Sua história guarda semelhanças com aquela de pessoas na faixa dos cinquenta anos que pai e mãe deixaram o interior e resolveram arriscar a vida na metrópole. O pai trabalhou anos a fio numa olaria na periferia da cidade e se orgulhava de fazer os melhores tijolos da cidade. A mãe, cozinheira, ia até o centro da cidade trabalhar pesado. Não passou a vida toda no mesmo emprego, porque o primeiro restaurante faliu e ela ficou desempregada. Não por muito tempo. Por conta de seu capricho e competência, teve logo várias ofertas de emprego. Pai e mãe se orgulhavam de mandar Maurílio e a irmã mais nova para a escola com roupa sempre limpa e com todo o material. Fizeram juntos o que pouca gente conseguia. Esses valores nunca saíram das entranhas de Jr.

Maurílio é meio encostado, como pensa seu diretor, ou é um homem hábil que atinge seus objetivos de um jeito mais silencioso, discreto? O mundo corporativo é repleto de metas a serem alcançadas e Maurílio certamente atingiu suas metas. A empresa não o promoveu no vácuo. No entanto, Maurílio fica sempre à espreita de algum funcionário que o chame de monótono. Porque, na história da tartaruga e da lebre, ele se considera a tartaruga, aquele que sempre faz, ainda que monotonamente, o que pedem. Claro que sendo defensor da monotonia, nem sempre está antenado com as "coisas".

Os tempos não o favorecem, e Maurílio não consegue abrir um canal de comunicação com os gerentes mais novos, eles simplesmente não compreendem que alguém queira passar 35 anos na mesma empresa, com a inevitável interpretação de que ele é encostado. A nova geração não consegue se espelhar nele, o que cria um entrave, que ele não está lá muito disposto a remover. Na verdade, Maurílio nem consegue identificar que existe um entrave.

Mas ele tem sua razão. No fundo de sua alma monótona, o que resta é ficar esperando a aposentadoria. Passou a vida contribuindo para o fundo da empresa, e sairá com um dinheiro que trará segurança, para ele e sua família. Ênfase na "segurança".

No entanto, deve-se considerar que muita gente trabalha e não cuida do futuro, e fica, já adulto, mendigando favores. Maurílio teria pesadelos com essa ideia. No entanto, deve-se considerar que não há problema nenhum em fazer carreira numa única empresa, desde que haja segurança e poucas mudanças. Que mal faz uma monotonia de 35 anos? Que opção existe? A dos atirados, corajosos, que enfartam aos cinquenta anos por causa de uma vida exageradamente ousada? Maurílio não tem temperamento para isso.

Se estivessem vivos, pai e mãe de Maurílio estariam com um orgulho imenso. Mesmo que ele tenha pouca coisa interessante para contar e que suas piadas sejam repetidas.

Paula

A cena deve ter se repetido imensamente na repetição dos dias.

Paula acordou bem um dia, resolveu usar uma saia xadrez muito bonita, não muito chamativa. Tinha saído uns dias atrás para compras e trouxe para casa uma blusa de *cashmere*, cara e linda, num tom de rosa entre a fúcsia e o rosa bebê. Vestiu a saia xadrez, a blusa rosa no tom certo e ficou animada com o resultado.

— A roupa está batendo com meu estado de espírito.

Foi até a sala buscar alguma coisa e aproveitou para se olhar pela última vez antes de sair. Desta vez sentiu uma coisa ruim.

Será que essa roupa é mais adequada? Essa blusa não está chamativa demais? O que as pessoas vão pensar? "Lá vem a alegrinha saltitante?".

Desistiu e pegou uma saia cinza. Tinha três destas saias de tanto que usava. Pegou uma blusa branca, sem adereços, mas que era adequada para o código de vestimenta da empresa. Já tinha visto outras mulheres usando roupas mais chamativas, inclusive em reuniões de diretoria, sem problemas aparentes e elas pareciam felizes com a atenção que chamavam. Ousavam até um decote. Ela não tinha coragem, a saia xadrez e a blusa rosa foram apenas um *blip* na cabeça e da recente constatação saiu para trabalhar tão cinza quanto a saia batida.

Batida e amassada. Era assim que se sentia. Uma pressão que a amassava por dentro e que não sabia de onde vinha. Existe martelinho de ouro para gente amassada?

De certa forma, quem olhava de fora sabia bem como era essa pressão. Depois da alegria de se formar, do êxito de um MBA caprichado, da admissão em uma empresa tradicional do mercado, chegou o dia em que as coisas pesaram. Pensou em desistir, mas não podia desistir nunca, pois seu pai, xodó e conselheiro, nunca desistiria. Então, ela crispou e decidiu ir em frente. Não podia haver margens para erro.

Mudou as roupas para algo mais palatável à corporação, aprendeu todos os códigos de todas as coisas que conseguiu imaginar.

Como se conduz uma reunião naquela cultura? O que pensa cada um dos gestores que estão diante dela? Como exercer influência? Quanto tempo leva uma reunião típica com a área comercial? E com o pessoal do marketing? Com seu jeito meigo e resoluto, aprendeu a trazer as pessoas para as reuniões com pontualidade. Tudo tabelado na cabeça dela, tudo anotado nos cadernos, um de cada cor, cheios de recadinhos coloridos. Seus dias no trabalho transformaram-se numa missão de protocolos infalíveis.

Ela sabia o nome de todos os gerentes e diretores, além de saber quanto tempo tinham de casa. Se estivessem numa rodinha, ela sabia quem deveria ser cumprimentado primeiro e qual a sequência. Protocolo.

Estudou o organograma da empresa e em pouco tempo muita gente começou a pedir orientações e apoio para aprender os atalhos na cultura e nas relações. Sim, porque tinha quase se matado de estudar os processos, políticas e claro, a avaliação de desempenho. Qualquer coisa para se encaixar no bom alvitre corporativo.

Ela queria fazer as coisas com tanta precisão que um dia perguntaram se não deveria ter estudado engenharia mecânica para sair de paquímetro medindo peças na linha de produção.

No final de semana uma nova experiência que saiu de seus protocolos. Saiu com uns amigos, que trouxeram outros amigos e ela não suspeitava o quanto aquela roda em torno da mesa do bar viraria sua cabeça. Um falava sobre justiça social e luta contra o racismo. Outro era músico, ia dormir às cinco da manhã e levantava meio-dia, e olha lá. Outro falava sobre a vida na fotografia e a última viagem para o Nepal, enquanto outro ecoava no trabalho de escavações em sítios no sul do país, era paleontobiólogo. Um bicho mais diferente que o outro, e ela sentiu um misto de empolgação e frustração. É que a vida dela parecia não ter nada de interessante.

A busca pelo protocolo ideal, a sequência ideal, satisfez a moça durante certo tempo e ela tentava se convencer de que sua vida também tinha seus atrativos, mas o problema, insistente e irritante, era a sensação de que estava sendo amassada. Para quê, então, tinha se esforçado tanto? E o que faria da vida sem a muleta dos protocolos? Afinal, se a vida de protocolos fosse desinteressante, então, como conclusão óbvia, ela seria uma pessoa desinteressante. Quem não se deprime chegando a essa conclusão com apenas 26 anos? Ainda por cima com dezessete pessoas bem diferentes na equipe que lidera?

Paula continua com a amarga condição de sentir-se amassada. E ninguém sabe ainda como ela vai se sair. A monotonia é tão confortável...

REFLEXÕES

Não há jeito de transformar "monotonia" numa palavra boa. Monotonia sempre tem um tom negativo. Nem por isso deixa de estar presente na vida de todos. Todo mundo já optou por se arrastar aleatoriamente em vez de andar com propósito.

Quanto da monotonia pode-se abraçar? Em que medida ela deve ser eliminada?

A verdade é que a gente se acostuma com quase tudo. A gente acaba andando apesar do salário insatisfatório com aquele gosto amargo de sentir-se depreciado, do sistema que cai toda hora, das grosserias do chefe, das injustiças na hora da promoção, da sala quente sem janela. A gente se acostuma com a monotonia.

Os mesmos clientes. As mesmas reuniões, que facilmente poderiam ser substituídas por um e-mail. Os treinamentos que dizem sempre a mesma coisa, só com apresentações diferentes. As mesmas pessoas, as mesmas cabeças, as mesmas ideias. Não é preciso ter imaginação para imaginar o que se vive todo dia.

Então, surge a pergunta necessária: se a monotonia é negativa e chata, o que colocar no lugar? Um ambiente acelerado, pululante de ideias que raramente vão para frente, a busca desenfreada por sucesso e ir de peito aberto para as puxadas de tapete? Uma empresa frenética que só valoriza a pressa, a rapidez? A ansiedade excessiva pelo novo?

***

A gente sabe pelo menos duas coisas: que uma empresa monótona enterra o bom humor e a pegada de trabalhar, e que uma empresa excessivamente acelerada enterra o tempo e a disposição de refletir.

Entre estes extremos, onde está o equilíbrio, o ponto ótimo?

Você lembra daquela vez em que a empresa entrou numa febre para lançar um novo produto que poderia colocá-la na liderança do mercado? Lembra que o pessoal de projetos não parava de conversar com o pessoal da produção e do marketing? Que havia uma eletricidade no ar, tanta gente empolgada e comprometida até o osso? A história de sucesso que você não se cansa de repetir? As novidades sobre as pessoas que você nunca conheceria se não fosse esse esfuziante clima corporativo de inovação.

Mas por quanto tempo as pessoas conseguem viver emitindo esse brilho? Em algum momento a rotação precisa cair à normalidade para que o brilho não vire um apagamento geral, para que a animação não vire esgotamento. Quem roda por tempo demais, querendo eliminar a monotonia, funde o motor, quebra o eixo, detona a funilaria e vira uma pessoa tóxica. Nesse momento a monotonia vira um valor positivo, um lugar de conforto e recuperação.

***

O Parque Nacional de Itatiaia fica perto da divisa entre São Paulo e Rio de Janeiro. A principal atração são os picos, entre eles o de Prateleiras. Embora não seja tecnicamente desafiador quanto o Pico das Agulhas Negras, também não é um passeio simples. É preciso caminhar bastante do portão do parque até o local onde começa a subida. E então tem a subida, cheia de enormes pedras para superar. Prateleiras tem mais de 2.500 metros de altura, e por isso exige braço e muita perna.

Não é só isso. Os picos só abrem para visitação no inverno, porque é a única época em que não chove. Os escaladores precisam se agasalhar. E levar água, barrinhas energéticas, cordas de segurança, bússola, e torcer para captar algum sinal de celular.

Não é só isso. Todos os aventureiros precisam voltar ao pé de Prateleiras até o fim da tarde, antes de escurecer. Quem passa desse horário arrisca se perder, ou a tomar uma trilha errada e cair do alto de alguma ribanceira.

No fim do dia, se tudo der certo, os aventureiros chegam à pousada, com os pés cheios de terra, cansados, mas felizes, desejando ardentemente uma xícara de chocolate quente e algo para comer. Esse é o sucesso. Certamente você consegue usar Prateleiras para fazer uma analogia com algum momento desafiador e acelerado na vida profissional. Subentende-se que não dá para fazer Prateleiras todo santo dia durante meses a fio.

É nesse momento que até o mais ferrenho opositor da monotonia reconhece seu valor. No inverno, quem reclamaria de chocolate quente todo dia? Pois a monotonia, na medida certa, logo faz que você tenha vontade de encarar Prateleiras de novo. Ou de encarar o Pico das Agulhas Negras.

E será que pensando assim sobre a monotonia, a zona de conforto, podemos dar mais um passo e dizer que pode ser um ato de resistência contra a inquietação, contra profissionais que nunca conseguem se acalmar?

Uma pergunta a ser respondida na monotonia. A monotonia pode ser uma espécie de mola comprimida, pronta para te dar um impulso na hora certa.

Que a sua liderança não seja demasiada inovadora e saiba a hora de se sentar na janela e celebrar a paisagem.

FRAGMENTOS

E a própria dor — quem diria?
A própria dor acostuma.
E vão se revezando assim,
Dia e noite, sol e bruma.
E isso afinal não cansa?

Xangô um dia cansou-se da monotonia da corte e partiu em busca de novas aventuras.

MITOLOGIA DOS ORIXÁS, REGINALDO PRANDI

Não se cansava de andar deste para aquele ponto, de subir e descer as escadas da câmara e dos escritórios, de estar de pé horas e horas; fatigava-se da monotonia do interior, do sossego da sua rua pobre, sem bonde, sem trânsito algum, povoada à tarde pelos brincos das crianças da vizinhança.

OBRAS COMPLETAS, LIMA BARRETO

O comportamento moral comum é mais decidido em nome de uma noite tranquila e um dia monótono do que em nome de qualquer ideia de justiça que algum dia alguém escreveu.

CONTRA UM MUNDO MELHOR, LUIZ FELIPE PONDÉ

Algum veneno antimonotonia.

TODO AMOR QUE HOUVER NESSA VIDA, CAZUZA

A gente se acostuma a lutar para ganhar dinheiro, a ganhar menos do que precisa e a pagar mais do que as coisas valem.

EU SEI, MAS EU NÃO DEVIA, MARINA COLASANTI

O que eu quero? Sossego!

SOSSEGO, TIM MAIA

Uma vida despendida na rotina da ciência não precisa destruir o elemento humano atraente da natureza feminina.

OXFORD DICTIONARY OF SCIENTIFIC QUOTATION, ANNIE JUMP CANNON, 1911

CAPÍTULO 10

LABAREDAS DE RAIVA

Uma liderança que respira, para, e sopra para apagar as chamas, ou as controla para a propulsão necessária à transformação.

DIÁLOGO

Não era sonho. Era pesadelo. E o clima pesava como aquele suor gelado no meio da testa enquanto o pesadelo acontece. Do que lembrou depois, foi mais ou menos assim:

Ela entrou pela passagem transparente de um vidro grosso e impecavelmente limpo, sentou-se num sofá branco, minimalista, no meio do recinto. Pareceu-lhe o certo.

Um minuto depois se levantaram duas arquibancadas acompanhadas daquele *vuu* de coisa se mexendo. Quando terminou de levantar a arquibancada, vieram dois seres e se sentaram e olhavam de cima para ela com um olhar perscrutador. Na verdade, nem era isso. Eles a olhavam como quem sabia. E aquela tensão de pesadelo de que o ruim fatalmente aconteceria.

A arquibancada não tomava todo o espaço, era apenas um quarto do círculo, em cujo centro ela se localizava. Era uma audiência só para ela e ela preferia ter uma audiência de nenhum. Dois era uma multidão amedrontadora.

Logo sua poltrona tornou-se em um azulado claro e a tampa da mesa deles ficou com a mesma cor. Achou aquilo um prenúncio de julgamento. Queria se levantar e ir embora, desabalada, longe daquele susto de ambiente asséptico. Era um pesadelo, se sentia presa. Quis se mexer, mas não conseguiu, embora não estivesse presa a nada. No minuto seguinte — uma hora? — quis elevar a voz, gritar de medo e indignação, só que a voz parava na garganta, que se contraía à revelia. Estava completamente à mercê.

— Eu sou Det.

Disse o da direita.

— Eu sou Hector.

Disse o da esquerda.

— Detectamos em você uma atividade psíquica e cerebral que é do nosso interesse. Estamos investigando humanos, agora.

— Vão me dissecar, seus branquelos chupados?

Ela não era assim, ousada. Apesar do medo que sentia, veio uma coragem imprevista. Sua cadeira ficou de cor quase vermelha. Não, eles não se abalaram. Daqui em diante eles alternaram as perguntas.

— Fale-nos sobre o Gustavo.

— Qual Gustavo?

— Gustavo Pontes Megido, seu colega, quando você trabalhou na empresa X.

— Que que tem ele?

— Queremos saber por qual motivo você o tratava tão mal.

— Quem disse que o tratava mal? — disse na defensiva.

— Nós sabemos. Nós sabemos tudo.

Esse "tudo" saiu como um "não se esqueça que isso é um pesadelo".

— Era um cara lentão que tinha lá na empresa. Meio bobão, mas era um bom funcionário se o chefe tivesse paciência.

— Você sente raiva de gente lenta? Você era rápida?

— Para que vocês querem saber? Não sabem de tudo? Por que a pergunta?

A coragem imprevista.

— Sabemos tudo. Estamos estudando sua reação e como interpreta seu ambiente. Queremos aprender com sua raiva.

— Minha raiva?

— Por que você o tratava mal? Ele alguma vez te prejudicou?

— Eu não o tratava mal. Ele trabalhava perto de mim, mas nem era do meu departamento.

— Por que você o tratava mal? Ele alguma vez te prejudicou?

— Que tipo de pergunta é essa? Isso é uma perda de tempo.

— Sim, é uma perda de tempo para você. Nós somos imortais, temos todo o tempo do universo. Você é mortal e está dentro de um pesadelo. Por que você o tratava mal? Ele alguma vez te prejudicou?

— Não, ele nunca me prejudicou.

— Por que você nunca o tratou com respeito?

Agora ela cansou da defesa e foi para o jogo aberto.

— Porque eu não gosto de gente lenta e boba. Só isso.

— Ele é um ser humano como você. Ele não merecia o mesmo respeito que você acredita merecer?

— Sim, mas...

— Mas você o tratava com menosprezo.

— E daí? Ele nem entendia quando a gente fazia piada com ele.

— Conte uma piada.

Deu uma bufada, olhou de esguelha como fazem os incomodados.

— A gente dizia que ele era tão lento que, se a gente deixasse uma tartaruga para ele cuidar, a tartaruga ia fugir e ainda levar a carteira dele. Todo mundo o chamava de tartaruga. É isso o que vocês querem saber?

Já estava ficando irritada com aquele interrogatório, mas pesadelo é assim mesmo. Percebeu que quanto mais sincera era, mais livre da poltrona minimalista ficava.

— O nome disso é *bullying*. Você se considera uma *bully*?

— Todo mundo falava assim com ele...

— Todos eram *bullies*?

— Aí eu já não sei.

— Você está sentido vergonha do que fez?

— Todo mundo fazia.

— Você se orgulha do seu comportamento com o Gustavo?

— Não, claro que não.

— Então você é uma *bully*?

— Tá bom, tá bom, eu fui uma *bully*, mas eu não era a única. Pode botar mais uns quinze nessa conta.

Admitiu sem muita convicção.

— Onde você estava quando ele reagiu?

— Na minha mesa.

— O que você fez quando viu e ouviu a reação raivosa dele?

— Eu estava na minha mesa. Ele estava perto de mim na hora.

— O que ele disse?

— Que todo mundo que o xingava era um bando de vagabundo, mas ele usou outras palavras. E ele estava tão exaltado que juntou saliva nos cantos da boca. Ele gritou para todo mundo ouvir.

— O que você achou da reação dele?

— Achei um exagero. Não precisava de tanto.

— Há quanto tempo ele vinha sofrendo esse tipo de *bullying*?

— Não sei bem. Mas pelo menos dois anos.

— Você acha que um ser humano, como você, deveria suportar essa pressão de tanta gente por tanto tempo?

Pensou em enrolar na resposta, mas acabou desistindo.

— Achar eu não acho, mas ele não ligava.

— Por que ele reagiria deste jeito se não ligasse?

— Aí eu não sei.

Voltou para a poltrona.

— Ok, ok, ele tinha motivos para ficar assim. Mas é que a gente acostuma quando a pessoa não reage na hora.

Não havia nenhuma saída sarcástica para esse pesadelo em forma de julgamento.

— Você está dispensada.

— Como dispensada, assim do nada? Vocês não vão me dizer nada?

— Não podemos.

— E por quê? Vocês não são os maiorais imortais? Vão sair assim sem me dar nenhuma resposta?

— Não podemos fazer nada.

— E por que, Santo Deus?

— Porque o pesadelo é seu.

CASOS NÃO POR ACASO

Julia

Julia tem mãe, duas irmãs e um pai ausente. Como toda filha de pai ausente, Julia conheceu a injustiça logo na infância. Claro, crianças não falam dessa maneira, mas elas sentem. Sentem e se ressentem do que não recebem, coisas simples como atenção e carinho, que significam um mundo e determinantes no vir a ser.

Infelizmente, a falta de carinho e atenção na infância não é um "privilégio" da Julia. Existe um sem-número de meninas nessa situação e o que pode diferenciar uma menina da outra é a reação à situação. Umas se acomodam, se amedrontam. Outras aprendem a manipular. Julia ficava com raiva. E, às vezes, brigava para valer.

A raiva tem um alto potencial destrutivo, mas também é um potente motor. Como no dia em que estava na farmácia e viu na fila uma grávida atrás de três marmanjos. Ficou com raiva com a insensibilidade deles e não teve dúvida ao usar a forte e imperiosa voz que sabia fazer:

— Ei vocês três, vão deixar uma mulher grávida lá no fim da fila?

Deu certo, os marmanjos saíram da frente, dando passagem para a mulher grávida. A mulher olhou com gratidão, a coragem providenciada pela raiva de novo fez caminho para o bem e pingou uma gota de justiça nesse mundão. Ela aprendeu. Boa moça que era, também sabia mostrar os dentes.

Julia foi bem na vida. Estudiosa, automotivada, não teve dificuldade de ir do fundamental ao mestrado. Também não demorou para encontrar um emprego numa empresa prestigiosa. Também não demorou para bater no muro de mais e mais fortes injustiças. Com os homens, claro. Tudo aos 28 anos.

Seu pai tinha vantagens dentro de casa. Ele não fazia nada para ajudar, mas reclamava que tudo não estava do seu jeito, não provendo o abraço nem o afeto, mas pedindo obediência. Julia aprendeu cedo que o mundo dos homens era diferente do mundo dela.

Os homens da empresa com quem trabalhava tinham vantagens e percebendo, queriam entregar o mínimo, mas ganhar o respeito como quem faz o máximo. Um homem protegia outro quando falhava e quem ajudava certamente cobraria o favor concedido. Escondiam os erros, inflavam os acertos, cuidavam da aparência de suas carreiras e deixavam transparecer o compadrio do pacto da masculinidade.

A situação ativou em Julia a mesma raiva que ela sentiu na farmácia. Sua militância em favor das questões femininas começou a borbulhar em suas veias. No entanto, nem pense que Julia é uma desembestada; a raiva é potente, mas pode queimar os indisciplinados. Ela aprendeu bem, em seus pequenos atos de justiça.

Não se admira que Julia tenha chegado, mulher e bem novinha, à diretoria de RH de uma *startup, hype* do mercado financeiro, queria intensamente essa posição, achava-se competente para gerar progressos. Naturalmente, passou a frequentar reuniões com outras diretorias, ocupadas unanimemente por homens vestidos em coletes, tênis esportivos e um cigarrinho eletrônico insinuado no bolso.

Quando em bando, homens são muito corajosos, atrevidos, o que normalmente é interpretado, por eles mesmos, como "iniciativa". Quando sozinhos, o véu cai muito mais rápido. Mas Julia via uma matilha que tinha que enfrentar.

A maioria dos homens não entende o desconforto que causa nas mulheres, os olhares maliciosos, aqueles que as fazem sentir que estão nuas. Outros entendem e lançam os olhares, assim mesmo. Uma parte das mulheres sente o cheiro do perigo e se acanham, não Julia. Ela sente raiva. Ela se alimenta destas transgressões e canaliza a raiva para colocar o homem sem noção em seu lugar. Ou para enxotar a matilha.

Não bastasse a agressividade embutida nos comentários dúbios e alguma liberdades não concedidas, Julia tem que tratar das agressividades que acontecem na empresa. Ela não é a única vítima. Ela sabe se defender e, ainda assim, sente a carga do peso exercido por homens agressivos sobre mulheres oprimidas. Que se dirá das mulheres acanhadas?

Aconteceu um dia. Era dia de reunião da diretoria. A fala mansa de sistemático desrespeito com ela, a energia masculina pulsando na sala. No fim da reunião, ela foi em linha reta para o diretor. Todos saíram e os dois ficaram. O diretor se acerta na cadeira, substituindo o sorriso solto no grupo de diretores para um desconsertado amarelado, de quem não temia o que estava por vir. Em meia hora de conversa, Julia fez o que sabia fazer de melhor: defender as mulheres de sobressaltos e da injustiça. Falou com a mesma voz que usou na farmácia. Começou a listar, um por um, os desacertos no comportamento dele e o impacto que gerava. Foi listando a agressividade de seus pares masculinos refletidos no comportamento dele. Caso alguém estivesse à espreita da porta, jamais configuraria aquele ato como um feedback, mas uma lição de vida, moral e ética que alguém deveria ter recebido dos pais. Era a corajosa Julia e um fedelho recém-saído da adolescência com cinquenta e poucos anos.

Rebatia os argumentos batidos com novas ideias e muito vigor. Defendeu sua posição com argumentos, não com desvarios. E assim foi. Quando terminou de colocar os "pontos nos is", a nova cultura caminhava na direção de desfazer a dominância de homens sobre mulheres. Raiva, muita raiva, era o que ela vinha sentido fazia meses. Na raiva canalizada contra as injustiças, a matilha retrocedeu.

Na maior parte do tempo, Julia é uma militante velada e ativista competente. Nem por isso ineficiente.

Samir

Samir tem 53 anos. Faz cinco anos que ocupa a presidência da empresa. É o terror de quem trabalha com ele; sente raiva todo dia, o tempo todo. Está à frente de uma empresa líder de mercado, boa parte, com resultado construído após assumir o cargo em sucessão com o fundador. Negócio bom, setor próspero, produtor inovador, anos a fio previstos em vitória.

Na cabeça dele é simples: se eu consigo, todo mundo consegue. Se tenho disciplina e vigor, todo mundo pode mostrar essas qualidades também. Se ele está trabalhando, todo mundo tem que trabalhar também. O que é um perigo, já que Samir está no terceiro casamento e nada garante que desta vez dê certo. Conviver com Samir não é o exercício mais fácil possível. Quando está bem, fica tentado a trabalhar de noite ou mesmo madrugadas. Quando está mal, certamente trabalha de noite estendendo até as madrugadas, inclusive nos feriados. Ele ordena que todos mantenham os celulares ligados durante a noite. Pobre Paulo, vice-presidente de produção recém-contratado.

— Paulo, preciso que você me mande o relatório de produção agora.

— São 22h30 de sábado, estou em uma festa com família.

— Se eu trabalho, você também trabalha. E fique atento, posso precisar de alguma informação extra. Até.

Já dizia a sabedoria corporativa que o entrevistado deveria ter a chance de entrevistar seu futuro chefe. Serviria para o entrevistado saber se o chefe tem família, se a família vai bem, se tem algum hobby ou atividade extra. Seria uma maneira de saber se o futuro chefe não é um workaholic sem medidas. Se fosse possível, Samir teria menos gente em sua equipe com bônus estratosféricos amarrados à fidelidade e tempo de cativeiro.

Samir trabalha muito bem. Ele é uma máquina com uma agenda lotada, e ninguém sabe como faz para cumpri-la. Mas ele cumpre. E ainda por cima encontra tempo para ser triatleta. Os fins de semana de competição são os melhores para seus subordinados. A lição é que Samir consegue fazer tudo no talo, em alta rotação. Ele consegue fazer todas as coisas, e são muitas, usando sua disciplina, foco e garra e só quer que as pessoas o acompanhem. Mas os outros querem ter uma vida, e isso o enfurece.

Samir dorme quatro horas e meia por noite. Assim, pode levantar às quatro, fazer seu treino e chegar à mesa pontualmente às 06h30. Ele abre o computador e verifica a agenda. Planeja na sua mente o que vai falar em cada reunião, e qual será a estratégia. Pronto. Ele não precisa mais olhar a agenda. Samir é uma águia. Uma águia que leva trabalho para casa, que bate asas até as madrugadas.

Ele sente uma raiva não nomeada, uma raiva subliminar que o impele para a frente. Mas sobra muito fogo raivoso para quem estiver por perto.

Nem tudo são flores diante das capas de revista e prêmios recebidos em público e os informais com os pares no condomínio do final de semana. Flores que, aliás, nunca comprou para suas esposas, uma vez que flores são gastos inúteis e ineficientes.

Samir tem 53 anos e seu aparelho psíquico está se desmontando por sobrecarga. Pela raiva que sente das pessoas, que não concordam com ele, hoje mais se parece com jogador fora de forma. Ele consegue dar uns piques, mas não consegue correr noventa minutos. Nada sugere que a situação vá melhorar.

Depois de virar mundos e fundos, depois de viver anos em negação, agora Samir contempla a possibilidade — a possibilidade — de que talvez esteja equivocado. A possibilidade de compreender o porquê de as pessoas odiarem trabalhar com ele. O porquê do turnover imenso em suas equipes.

Pensou em fazer psicoterapia. Sentiu medo de ser confrontado do mesmo jeito que confronta. Medo de que a raiva não o impulsione para o sucesso nesse projeto. Ele tem razão.

Para Samir, nada é o bastante. Mas hoje ele se acelera e não anda direito. Está capenga e enfurecido. Ele tinha certeza de que os problemas tinham uma só fonte: o mundo não o acompanha, o mundo não pensa como ele e agora o mundo o ultrapassa.

O que resta, para ele e para sua equipe, é a frustação não trabalhada e uma necessidade não atendida.

Outro dia, estava no escritório de casa, exausto, pensando nestas coisas, preso nas mesmas ideias, sabendo que precisa de novas ideias porque as velhas caducaram faz tempo. Entendeu que sua querida agenda tinha apenas um compromisso: reconstrução. Sentiu-se traído pela vida.

— Por que ninguém me ensinou antes?

Mandou um barulhento tapa na mesa. Levantou-se, deu uma circulada pela sala, viu a porta e mandou um soco com toda a força. Chutou a mesa, que virou, espalhando o computador, papéis e o scotch. Olhou para a estante e de uma levada só derrubou os livros do alto. Desceu derrubando tudo da linda estante de mogno. E o resto que viu pela frente.

— Por que ninguém me ensinou antes?

Sua terceira esposa entrou no escritório e nem se surpreendeu. Cedo ou tarde acabaria acontecendo. Não aliviou. Falou em voz normal.

— Se você não arrumar tudo isso até amanhã, pode começar a procurar sua quarta esposa.

E bateu a porta.

O último fio que o segurava se foi. Caiu no chão e chorou. Chorou e chorou. Dormiu sabe-se lá a que horas, ali, jogado no chão. Dormiu em posição fetal, entregue, vencido. Sua raiva o tinha engolido vivo.

REFLEXÕES

A raiva é como aquela enormidade de chamas que saem de um foguete quando parte: ela pode carbonizar a pessoa ou impulsioná-la até o espaço. Depende de onde é colocada.

A raiva tem vontade de dizer das injustiças, sejam elas cotidianas ou estruturais, em voz alta e clara. Onde houver raiva é porque já existem carências. A Comunicação Não Violenta ensina que "por trás de toda violência existe uma necessidade não atendida".

A raiva subjacente da Julia vem da agressividade que brota do mundo masculino. O que ela fez foi usar a raiva para alavancar um ambiente melhor ao colocar as coisas no eixo. Mas ela dá vazão à raiva indignada na hora certa, com a pessoa certa e se valendo de argumentos. Tapa na mesa sim, mas com luva de pelica.

Funciona como Love is in the air, obra de Banksy. Sabe como é um manifestante quando vai jogar algo na polícia? Ele põe um lenço sobre o nariz, estica-se bem para trás no esforço de jogar uma pedra bem longe. Congele este momento, mas coloque na mão do manifestante um buquê de flores. É uma imagem inesperada.

A raiva subjacente do Samir é achar que ninguém o acompanha, que ninguém tem a mesma energia, disciplina, inteligência e foco que ele. Com essa concepção em mente, essa raiva subjacente — que fica bem à flor da pele — salta dele para outros, infectando-os. Ele distribui doses generosas de raiva que um dia o comerão vivo: é uma bomba-relógio. Tapa na mesa sim, mas para infectar outros com frustrações.

Veja: a raiva das pessoas não é a exigência de mérito para ocupar um posto elevado. Também não brota da preguiça de lutar pelos objetivos. A maioria das pessoas não se ressente da necessidade de trabalhar duro para conseguir a posição desejada, da necessidade de merecer antes de receber. As pessoas se ressentem das puxadas de tapete, da raiva alheia que precisam suportar, a raiva grudenta.

O problema não é quando duas ambições legítimas colidem, gerando competição. O problema é a ganância do mentiroso e do ardiloso, aquele que se vale de mentiras e ardis. Esse se esbalda na discórdia que tão bem sabe criar.

No mar da injustiça, a raiva nada de braçada.

A primeira resposta é agir como a Julia. O exemplo dela é luminar.

Outra é desenvolver a habilidade de não ajuntar veneno debaixo da pele. Existe uma bela descrição dessa atitude em Paulo, chamado apóstolo: "É normal ficar com raiva. É claro que todos sentem raiva. Mas não alimentem vingança no coração. Não deixem que a raiva domine muito tempo. Resolvam o problema antes de dormir". — Biblía *A Mensagem*

Não existe uma saída fácil, ou uma saída que não peça de você uma mudança de mente. Fazer o que a Julia fez é difícil, exige habilidades psicológicas bem-desenvolvidas e exige coragem. A opção que Paulo dá não exige menos: a capacidade de não se deixar contaminar e, tendo sido contaminado, se livrar da raiva antes de dormir. Quem dorme com raiva acorda com mais raiva. É a raiva que te come vivo. A raiva não tratada.

A raiva é como aquela enormidade de chamas que saem de um foguete quando ele parte: ela pode carbonizar a pessoa ou impulsioná-la até o espaço. Depende de onde ela escolher ficar.

Escolha ficar na cabine.

Uma liderança que respira, para, e sopra para apagar as chamas, ou as controla para a propulsão necessária à transformação.

FRAGMENTOS

Paradoxalmente, [escrever sobre] a raiva logo abriu espaço para um profundo sentimento de liberação.

THE CROSS AND THE LYNCHING TREE,
JAMES H. CONE

Minha mãe tentava apagar a raiva com sensatez.

UMA AUTOBIOGRAFIA, ANGELA DAVIS

A minha raiva passara, quase por completo, tão glorioso eu estava. Assim, achei magnânimo entrar em acordo, e, com decência, estendi a bandeira branca.

SÃO MARCOS, SAGARANA, JOÃO GUIMARÃES ROSA

CAPÍTULO 11

VENTOS DA REJEIÇÃO

A imagem de artista questionadora e de artista herética depende de quem olha: os que entendem os artistas ousados e os que entendem discordando. E, às vezes, punindo.

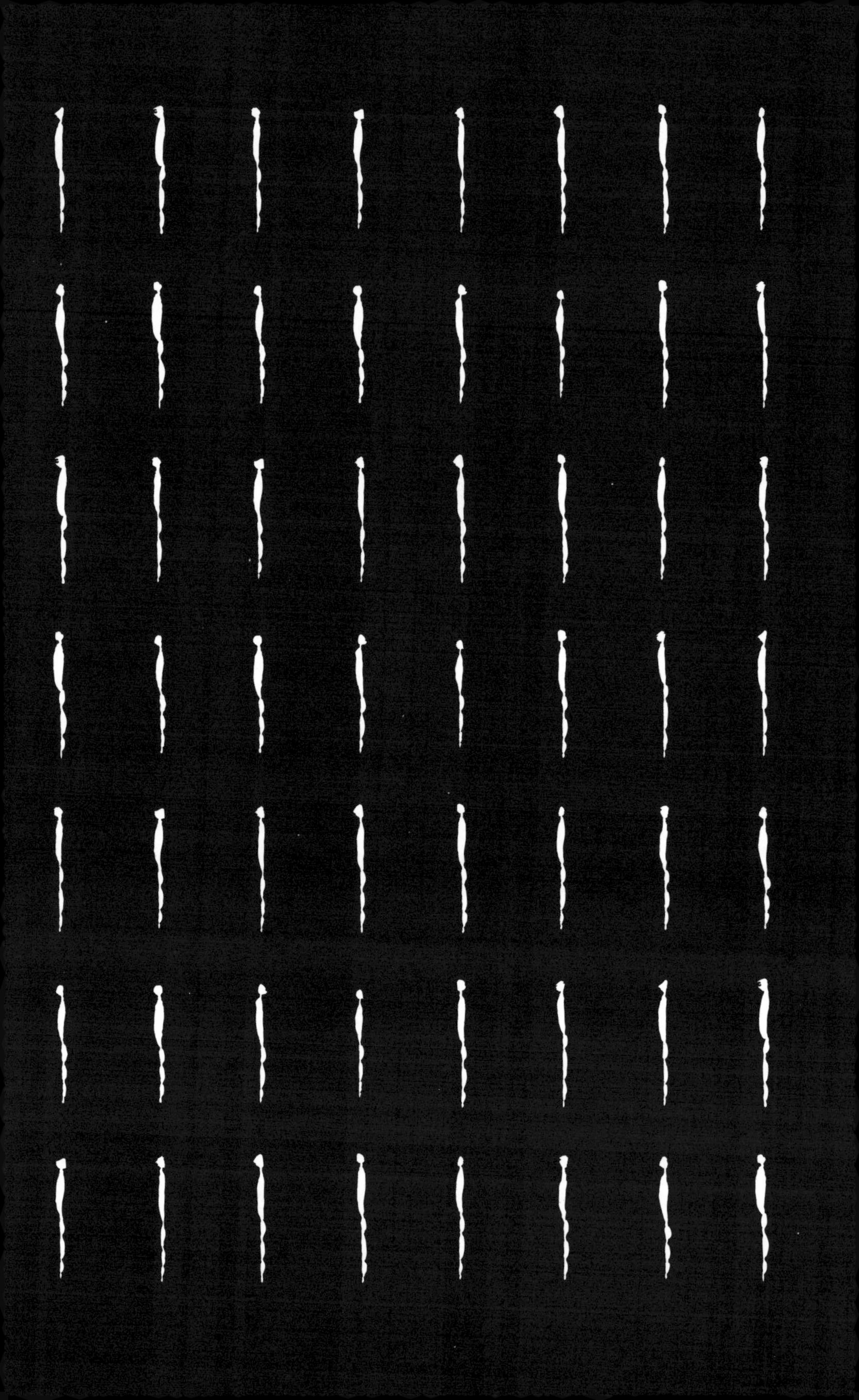

DIÁLOGO

A palma da mão estendida, os dedos juntos, retos e em riste, fazendo um movimento discreto, mas insistente, dizendo:

— Vai lá, mano, vai lá. Essa é sua hora.

Ele dizendo:

— Não vou porque não sou bajulador. Só porque chegou o gestor novo repatriado novo, tenho que ir lá e lamber as botas como os outros?

Ela ia dizer algo como deixa-de-ser-trouxa, mas segurou pelo gosto que tinha pelo amigo. Ela conseguia enxergar o ser humano debaixo daquele jeito chato, todo perfeccionista. Disse outra coisa.

— Vai lá se apresentar, diga alguma coisa positiva. A rodinha está lá, pronta, você nem precisa se preocupar em dar o show.

— Não vou. Quero ser reconhecido por meu trabalho.

— Todo mundo sabe que você é o máximo e que tem total condições de ser o próximo ali, só estou dizendo para ser um pouco mais sociável.

— Não adianta vir com essa mãozinha de italiana. Para com essa conversa.

— Eu não aguento mais ver você nesta cadeira por mais dez anos. Era para você já ser diretor ou coisa semelhante. Vamos lá. Só diga um oi e se apresente. Não há nada de mais nisso.

O novo diretor se esbaldando com a atenção que estava recebendo depois da sua palestra inicial, bem ao lado do cafezinho.

Ele nunca foi como ela, competente também, mas mais despachada. Quando estavam passando pela rodinha, ela repentinamente entrou e o puxou para dentro. Ele tinha caído no golpe.

— Olá novo diretor, meu nome é Cássia e quero apresentar o Gilmar, um dos caras mais inteligentes que conheço.

O diretor estendeu a mão.

— Prazer, já tinha ouvido de você. Foi você que fez aquele sistema aleatório de chamadas?

— Foi sim.

— Parabéns. Vamos precisar de gente como você na equipe.

— Estarei por aqui.

E mais não disse. Queria sair dali, apesar de a intervenção ter sido bem-sucedida.

Na hora do almoço cada um saiu com seus pares, porque o diretor almoça com outros diretores em um encontro jurídico.

Gilmar estava fulo. A Cássia não tinha o direito de expô-lo desse jeito.

— Você me apronta cada uma!

— Nem adianta reclamar. Parece que você fica se sabotando. Depois não sabe o motivo de não gostarem de você. Você não está sozinho nesse mundo não, e hei de ver você diretor um dia, de preferência mais cedo do que mais tarde.

— Não sei se está certo esse seu plano.

— Certo ele está, a gente só não tem como prometer. Mas prometo mesmo assim.

— Tá, vamos voltar ao trabalho. Por favor, pega para mim o documento que está com o Tiago. Confere se está tudo certinho, não pode ter erro nenhum. Sabe como ele é um desatento incorrigível.

Por essas e outras, só a Cássia conseguia se relacionar com o Gilmar. Compreensível.

CASOS NÃO POR ACASO

Adélia

Adélia é uma armadura ambulante. Uma armadura brilhante, bem polida, extremamente bem-cuidada. Mas uma armadura assim mesmo. Ela não tira essa armadura para nada, nem para ir à praia ou ao restaurante. Não pode haver falhas. A armadura da Adélia é sua força e sua fraqueza.

Adélia é competente. Aliás, extremamente competente, porque é assim que gostaria de ser chamada: "Adélia, a mais competente diretora que conheço". Para Adélia, qualquer coisa que seja menos do que extraordinário é medíocre. Para ela, nem o bom e nem o ótimo servem. Só o excelente. Se não for extraordinário não penetra a armadura.

O medíocre, exatamente, por representar o meio da escala, é fácil de achar. O bom já é mais difícil, mas no decorrer da vida de uma pessoa, ela pode encontrar muitas coisas ou pessoas boas. O ótimo já não vê tanto, aqui e ali, esporadicamente. Mas o excelente, o sem falhas, o inspirador, esse é uma raridade. O que significa que Adélia está tentando viver, no cotidiano, do excelente. Ela quer o excelente na mesa, todo dia, antes de chegar. Ela quer que o comum de seus dias seja recheado com o raro, com o inusitado. Não é à toa que vive irritadiça, que vive espezinhando os outros seres humanos normais a buscar por uma excelência que só ela domina. Afinal, foi ela quem inventou a excelência que tem em si e deseja nos outros.

Adélia é chata. Em vez de ser a queridinha de seus pares, ela é a odiadinha das gentes.

Pouco importa a reação das pessoas, o que está no núcleo de sua alma e comportamento é sua própria excelência. Ela usa cada centímetro livre de sua agenda para estudar, ler a The Economist e a Harvard Business Review para estar atualizada, e atualizada num nível que beira o patológico. Tudo para manter a armadura em dia, afiada. A armadura da Adélia tem pelo menos um problema para as pessoas: quem se aproxima, para um beijo ou abraço, se corta todo.

Adélia já experimentou do que há de melhor desse mundo. Ouviu óperas nos melhores teatros europeus, já tomou um Petrvs, comeu nos melhores restaurantes, já comeu os melhores chocolates, já viajou para os lugares mais exóticos e belos. Assim, que não se ofereça a ela algo que seja menos do que o excelente.

O que faz uma pessoa com esse perfil? Eleva a exigência, embora seja difícil dizer o que é melhor do que o excelente. Se você acompanhá-la a um excelente restaurante verá uma cena curiosa e outra incompreensível. Primeiro a verá degustando a comida, tentando discernir temperos e técnicas de preparação. Depois, perto da hora de sair, ela dirá que a comida estava ótima — ótima, não excelente — e fará uma crítica contundente ao prato. Esse veneno é a sua sobremesa.

Adélia é chata e, naturalmente, sozinha. Adélia não tem para quem ligar quando desmonta a armadura em sua excelente e solitária casa. Frequentemente tem vontade de chorar na sua excelente sala de estar, bebendo um excelente vinho de sua excelente — e caríssima — adega. Mas segura, acha que isso é coisa de gente fraca. E é sintomático que ela use esse termo. Adélia não chora porque sabe que seu choro, depois de iniciado, nunca mais se extinguirá.

Aos olhos apressados, Adélia é uma diretora competente que sempre estimula outros à excelência. Aos olhos discernidos, ela é uma arrogante que acha — sabe? — que ninguém é o bastante para ela. Aos olhos íntimos ela é insegura porque não suporta as próprias fraquezas, aquelas mesmas que esconde com a armadura.

Deveria haver uma curiosidade de alguém saber por qual motivo ela é assim. Problemas na infância, talvez? Mas ninguém consegue chegar perto para ouvir de Adélia sua história. Na verdade, ninguém quer ouvir. As pessoas sempre se cortam na armadura.

Marcos

Marcos é um homem de convicções, sincero no que diz, jamais alguém o chamaria de falso. Ele também tem uma ternura genuína. Sempre se posiciona sobre os problemas da organização e trabalha há bastante tempo na mesma empresa. Marcos não recebe nenhuma promoção há tempos. Ele é impopular.

Nascido da união de uma artista e de um imigrante português, Marcos aprendeu em casa a valorizar a responsabilidade, a sinceridade e a devoção ao trabalho. São esses princípios que ele aplica em seu trabalho.

Tem convicções sobre como resolver um problema de produção ou na burocracia da empresa. Ele tem uma opinião e a torna pública. Mas, de alguma forma, essa posição não é seguida, fazendo-o impopular. Ninguém se sente parte de algo significativo quando concorda com Marcos, sua opinião sempre caminha para o esquecimento.

Marcos não faz média com ninguém. O horror dele é alguém dizer:

— Você fez disso um ato político para agradar fulana.

Ele se julga superior à mesquinharia corporativa, um favor por outro favor em vez de promoção por desempenho. Afinal, ele é autêntico, íntegro, não se trai e não trai os valores que herdou da família. Entre suas convicções e uma promoção com um pouco de política, ele escolherá ficar sem a promoção. Marcos é o tipo de gente que afirma não estar à venda.

Entre uma frase e outra, revela que não tem medo de ser rejeitado, tem uma blindagem natural contra caras feias. Ele sim é quem faz cara feira para uma carreira que se desenvolva sobre qualquer outro fator que não trabalhar com afinco.

Como decorrência, Marcos precisa lidar com o fato de que suas ideias não emplacam e isso afeta a liderança que exerce sobre a equipe. Seria bom para não ser tão tenso nem tão radical ou enxergar que nem todo compromisso é uma venda de personalidade.

Muita gente tem dificuldade para dançar. Uns optam por prender os pés no chão, mexer o quadril de um lado para outro e fazer algum movimento aleatório com os braços. Ele? Nem entra na pista.

Seria bom que Marcos aprendesse alguns passos da dança corporativa, que não valorizasse excessivamente suas convicções e conseguisse transitar nesse terreno, talvez mais gente o convidasse para dançar.

Marcos tem convicções e valores, ao mesmo tempo se torna admirável e impopular. Ao mesmo tempo certo e errado. Ele ainda não sabe, mas tem bastante gente torcendo para ele acertar.

REFLEXÕES

Em 1995, Rita Lee teve a honra de abrir um show dos Rolling Stones. A certa altura, ela se paramentou de Nossa Senhora Aparecida e existem pelo menos duas interpretações para esse passo ousado. Uma delas é a de crítica debochada à religião, bem ao estilo da artista. A outra é que não se brinca com coisas sagradas e que uma desfaçatez dessa não pode passar impune. E não passou. A Diocese do Rio a excomungou e essa história traçou uma fenda na dúvida do tamanho do impacto da obra de Rita Lee.

Qual foi sua reação? Uma debochada autocanonização: ela que se considerava padroeira dos ífrascos e comprimidos, uma alusão direta às drogas que consumia.

Qual é a imagem correta? A da Diocese carioca ou a autoimagem de Lee?

A verdade é que, nesse caso, não existe certo e errado. O que se pode dizer é que a imagem depende mais das pessoas que a interpretam do que de quem projeta a imagem. A imagem de artista questionadora e de artista herética depende de quem olha: os que entendem os artistas ousados e os que entendem discordando. E, às vezes, punindo.

Isso nos deixa numa situação desconfortável, pois nem sempre sabemos prever como as pessoas nos enxergarão, como interpretarão nossa postura num determinado ambiente. Isso se manifesta numa curiosa desassociação, afinal, uma pessoa deveria ser capaz de saber qual imagem projeta.

A minha, por exemplo, bambeia enquanto escrevo este livro. A preocupação com a imagem do consultor pragmático que me conferiu algum sucesso no mundo corporativo, somado ao autor passional que fala sobre sentimentos. Quem ficará? E o impacto deixado?

Em termos ideais, a imagem que a pessoa tem de si é a mesma que as pessoas apreendem. Adélia e Marcos já nos ensinaram que não é assim que as coisas funcionam. Para saber é preciso perguntar para as pessoas — as sinceras — qual é a imagem que você emite. Se a opinião própria sobre a imagem não é suficiente, devemos concluir que o autoconhecimento é social. Você precisa das pessoas para se entender. Assim como Gilmar precisou da Cássia.

Se essa conclusão é válida, podemos afirmar que Adélia e Marcos estão presos em si. Se estivermos certos, a imagem se não estiver temperada com a visão de outros, estará fadada a um desvio enorme de comunicação. E isso certamente impede uma liderança eficaz.

Uma liderança que comece a conversar com as pessoas agora mesmo, para não ser excomungada de si.

FRAGMENTOS

A coisa mais importante, se é que alguma coisa seria obtida, era a rejeição antecipada que ele poderia de alguma maneira ser culpado. Não havia culpa.

O CASTELO, FRANZ KAFKA

"..." o princípio de que se pode resistir apenas em termos da identidade que está sob ataque. Aqueles que rejeitam tais identificações por parte de um mundo hostil podem se sentir maravilhosamente superiores ao mundo, mas então sua superioridade já não é verdadeiramente deste mundo.

HOMENS EM TEMPOS SOMBRIOS, HANNAH ARENDT

Minha definitiva autocanonização, uma respeitosa e esculhambada à imagem da padroeira dos frascos e comprimidos.

RITA LEE: UMA AUTOBIOGRAFIA, RITA LEE

CAPÍTULO 12

COMPADECER E NÃO MERECER

A compaixão testará os limites da nossa humanidade. Uma liderança compassiva para uma vida humanizada.

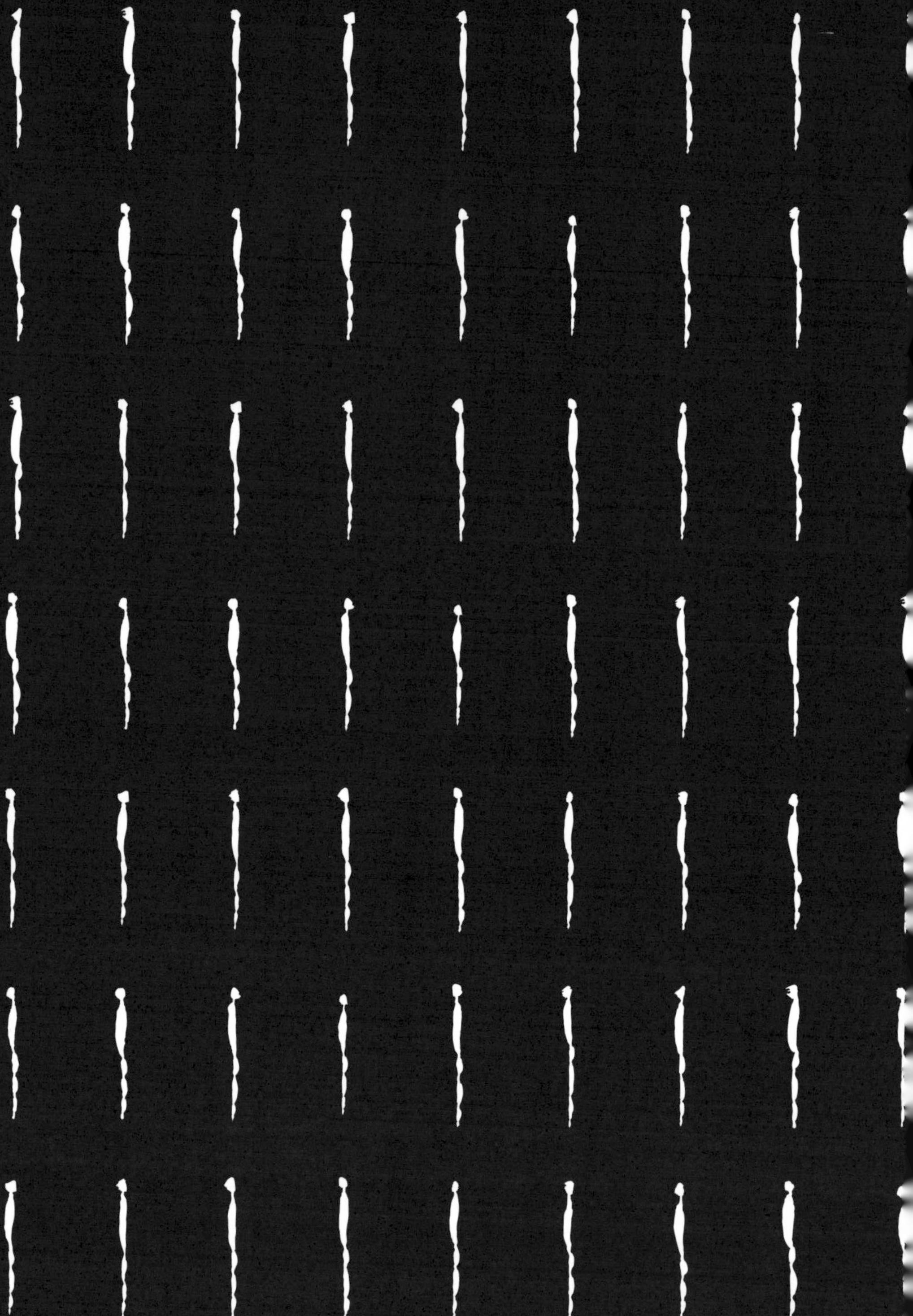

DIÁLOGO

Passava das 19h30, os dois já com a gravata afrouxada, entrando na sala de reuniões vazia na empresa vazia. Todos os normais já tinham ido para casa e a porta ficou aberta já que não havia o risco de interrupção ou bisbilhotamento.

Afundaram-se nas cadeiras, soltaram, cada um no seu estilo, aquele suspiro de "o que estou fazendo da minha vida?".

— E aí? Como tem sido usar gravata e ter respeito?

— Tinha uma ligeira esperança de que você tivesse sentado aí para me encorajar e afirmar que foi a melhor coisa que aconteceu na sua vida.

— Estou mesmo é arrependido de ter aceitado essa cadeira depois de tanto tempo dedicado a empresa. Ganha mais? Ganha! Mas os problemas são maiores e piores. Benzadeus.

— Nem diga. Mas tudo o que a gente não precisa agora depois de tantos anos é a diretoria cogitando e o nosso time tendo a certeza de que a empresa perdeu excelentes técnicos e ganharam uma péssima liderança.

— Nestes anos todos, sempre resolvemos da melhor maneira os problemas da companhia, agora com o crescimento e os cargos novos, os que acontecem nessa cadeira sempre estão relacionados com a engrenagem mais difícil...

— Gente!

— Sempre, parece que a nossa conversa está em um looping eterno de todo final de dia. Café?

— Não, tomei tanto hoje que minha mão está tremendo.

— Mas vou pegar um para mim. Peraí.

(volta)

— Pensei uma coisa aqui. Meu sobrinho chato, aquele filho do meu irmão do meio que te falei, resolveu fazer psicologia e agora só fala disso. Mas ele falou uma coisa que prestei atenção. Quando a gente fala dos problemas a gente encontra com mais facilidade as soluções do que só ficar pensando sobre eles. Simples. É uma coisa de fazer associações como a tal da terapia.

— Só o que me faltava, até você sugerindo agenda de terapia por aqui? O que é? Moda? Você, minha esposa, a responsável pelo RH, seu sobrinho, tudo se resolve com terapia.

— Já que estamos num beco sem saída, a gente bem que poderia tentar falar sobre o que não está funcionando. O que você acha? Eu conto meu caso, e você conta o seu.

— Eu me sinto perseguido por este tema. Todo dia. Mas depois de tanto tempo tralhando juntos e nossa amizade, perdido por um, perdido por dez. Você começa.

— Boa. Meu caso é uma moça de 25 anos que está em crise emocional e não consegue trabalhar direito. Toda hora a pegam chorando nos cantos e outras mulheres já a pegaram chorando no banheiro. Ela sempre recebe um abraço ou uma palavra de conforto, mas não está adiantando, a produtividade, que era boa, foi parar no pé. Meu desafio: a avaliação anual de desempenho está chegando. Com o que ela tem hoje, cedo ou tarde, vou precisar tomar uma decisão. Vai perder o bônus e, com certeza, serei a pessoa a ser reconhecida como uma liderança fracassada que não desenvolve gente.

— E você sabe o que está acontecendo com ela para essa depressão toda? Ela é muito frágil? Digo, frágil demais?

— Não sei, essa é a droga. Que me lembre, ela sempre falou baixo, às vezes tinha que pedir para ela repetir e mais ninguém nunca reclamou. Acho que é aquele perfil de gente mais tímida que gosta de fazer tudo direitinho, mesmo sem supervisão, gosta dos detalhes das enormes planilhas que a gente usa para controle. Mas não sei de nada, de namorado, de família, de nada. Nada além disso. É pouco, né? Estou me dando conta disso, agora.

— Pelo jeito, seu sobrinho chato estava certo.

— É mesmo. Acho que preciso dar um pouco mais de atenção para ela. Fala do seu caso agora.

— É um cara lá pelos seus 45 anos. Sempre foi um cara para cima, batalhador. Parece que foi arrimo de família desde os trinta. Antes de virar gerente, cheguei a trabalhar numa força tarefa com ele. Eu ia com a *faccia* dele. Chegava sempre cedo e mantinha a turma para cima, mas de quatro meses para cá deu uma descambada que ficou impossível de disfarçar. E é o mesmo caso que o seu: a avaliação de desempenho está chegando e só não foi dispensado ainda porque tem gordura para queimar. Mas o crédito pelos anos de bons serviços já está perto de se esgotar. E, como você, não sei mais do que isso.

— Pois é, acho que seu sobrinho está dizendo para nós que nos falta um diagnóstico. A gente só sabe que os dois estão fora do padrão mínimo de desempenho da empresa e que estão mal. Mais, a gente não sabe.

— Quer um café?

— Quero não. Preciso.

— Peraí.

Na volta, o silêncio foi bem mais longo do que o necessário para tomar um café. O problema tinha se aprofundado.

— Eu estou cansado dessa história já e parece que ela nem começou ainda. Todo ano terá avaliação de desempenho, mas nesses casos não tem a ver com as competências exigidas.

— E se a gente pedisse ajuda a responsável pelo RH?

— Tá de brincadeira? Os últimos gerentes que pediram ajuda foram todos parar na conversa da diretoria insinuando mal desempenho na liderança.

— Estou achando melhor a gente ir embora e dormir um pouco. Talvez a gente tenha alguma ideia brilhante durante o sono.

— Melhor mesmo.

***

— E aí? Dormiu bem?

— Que nada. Dormi pouco e mal, aqueles sonhos repetitivos que deixam a gente moído.

— Pensou algo sobre o assunto de ontem?

Um silêncio de quem precisa tomar fôlego para continuar.

— Você já leu aqueles livros que ficam falando de sair da zona de conforto, dos executivos que arriscaram tudo para vencer. Leu, não leu?

— Sim, li. Só funciona com eles.

— Sim, porque a motivação sempre envolve ter sucesso, ficar mais rico ou fazer alguma coisa que o coach pediu. Mas fiquei pensando que para resolver esse tipo de caso não adianta confiar na responsável pelo RH e pedir ajuda. Pensei em atravessarmos e tomarmos um caminho pouco ortodoxo.

— Depende muito do que você tem em mente.

— Pensei assim: eu e você temos um orçamento que podemos usar sem aprovação prévia, a gente podia usar para pedir uma avaliação psicológica e psiquiátrica dos nossos funcionários. E, se for o caso, uma intervenção. Não trivial, porque faríamos agora e só depois daríamos uma explicação que ninguém está muito disposto a aceitar. Acabou de encerrar o trimestre. A gente teria três meses até o próximo ciclo e fazer as coisas acontecerem, torcendo para que os dois voltassem a um bom desempenho nesse período. O que acha?

— Acho que você perdeu o juízo.

— A gente guardaria conosco todas as informações para garantir a privacidade, sem expô-los à opinião dos outros funcionários. Pode dar errado, mas pode dar certo. A gente paga para ver. Estou entediado, queria ver alguma ação.

— Continuo achando que você perdeu o juízo.

— Me desculpa a intromissão, mas como anda sua vida? Você está satisfeito? Ou está encostado? Não quer se arriscar por puro esporte? Quem sabe alguém escreva sobre nós em algum desses livros corporativos.

— E se der errado?

— Ora, a gente vai ser despedido.

— E eu vivo como?

— Com suas reservas.

— Você vai viver como?

— Sei lá, com o dinheiro da minha esposa. Ela adora essas coisas de direitos humanos, vai gostar da minha atitude. Eu acho que ela suportaria o baque.

— Bom, eu poderia sinalizar simpatia para a proposta que o concorrente fez para mim mês passado. Talvez esteja na hora de chacoalhar a poeira.

— Eu sabia que havia um aventureiro dentro de você!

— Hoje é sexta. Vamos para casa dormir. Na segunda a gente fecha questão nisso.

— Tomara que seja a mais desafiadora segunda dos últimos tempos.

***

Fizeram a reunião a portas fechadas, cada um com seu subordinado. Explicaram o plano e fizeram questão de avisar que o projeto era sigiloso.

— Não queria ir a um psicólogo. Parece que estou louca. Vai me mandar tomar remédio tarja preta.

— A participação é voluntária, e as despesas serão cobertas pela empresa. É uma oportunidade única e tem que começar agora.

— Eu sei, mas...

— Então deixe-me explicar isso de outra forma. Se você estiver do mesmo jeito daqui um mês, você será dispensada. Com essa intervenção você tem uma chance. A gente entende melhor o que está acontecendo e isso me ajuda a te ajudar.

— E quem vai ter acesso à avaliação?

— Só você terá acesso aos laudos. Quando a avaliação terminar, o laudo será entregue para você e ninguém terá cópia.

Ela assinou em uma sala, sem maiores reticências e o mesmo aconteceu com ele na sala ao lado.

Os três meses se passaram e chegou a hora da verdade. A dupla de gerentes entraria na berlinda e foram chamados à sala do diretor, que foi logo inquirindo sobre gastos em uma linha de despesas suspeita. Eles explicaram da maneira mais cândida a história e ficaram esperando a bomba.

— Vocês são malucos?! Sabem que posso demitir os dois, agora mesmo?

— Sim, nós sabemos.

Silêncio.

O diretor ficou em pé para olhar, sem foco, a estante. e perguntou:

— Como estão eles?

— A moça está cuidando da mãe idosa e doente. Isso esgotou suas forças mais rapidamente do que imaginava. O processo a levou a questionar sua permanência aqui no Brasil. Ela tem uma irmã em Portugal com uma casa espaçosa. Ela vai se mudar para lá com a mãe.

— E ela vai pedir demissão?

— Não é essa a ideia. Ela tem um olho muito preciso com as nossas planilhas, que são bem complexas. Ela pode fazer em home office. Não terá dificuldade de continuar prestando o serviço online.

— Sei. E o rapaz?

— A gente não sabe muito bem o que aconteceu, mas se recuperou muito rapidamente quando percebeu que a empresa se preocupava com ele. O desempenho já quase voltou ao normal e deve continuar melhorando. Está fazendo todos os acompanhamentos clínicos recomendados, mas desta vez usando o convênio e completando do bolso quando necessário.

— E como vocês avaliam o processo arriscado em que se meteram?

— Numa palavra?

— Sim.

— Resultado.

— Vamos deixar isso entre nós?

— Na verdade... na verdade, a gente estava pensando em transformar numa política da empresa com o RH. Acha que dá?

— O quê?

— Diretor, entendo o receio. Mas somos uma empresa empreendedora, de dono que cresceu assumindo risco e tentando cuidar das pessoas, por isso tem gente com tanto tempo de casa. O tempo mudou, as pessoas mudaram e as necessidades também. Podíamos dar mais um passo, agora que se demonstrou que pode funcionar, que pode ser bom para a empresa também.

— Vou pensar, vou pensar. O que vai acontecer com a empresa se virar moda?

— Vamos ter mais gente pensando o quanto a empresa se importa com ela.

Nesse momento não cabiam mais perguntas, o diretor entendeu.

O tempo passou e um deles foi chamado novamente à sala da diretoria.

— Me passa o telefone do psiquiatra?

E os dois desistiram da ideia de um dia serem citados num livro.

Resolveram escrever o próprio.

CASOS NÃO POR ACASO

Carlos

Carlos é ótimo para a organização. Ele identificou uma dificuldade presente no cotidiano dos clientes e construiu um aplicativo para resolvê-lo. Ninguém duvidava que Carlos pairava uns centímetros acima dos meros humanos, mas agora quem achava tinha certeza. Pontaria na identificação, na solução, no método de solução e na comercialização. Carlos é o cara.

Esse tipo de sucesso transforma as pessoas. Solidifica estratégias mentais e cria novas. A pessoa de sucesso passa a acreditar que existe um meio certo de chegar lá e que as pessoas, se quiserem obter o mesmo sucesso, devem trilhar o mesmíssimo caminho. Se as condições forem adequadas — elogios em demasia, bastante dinheiro no bolso, vontade de exercer uma liderança incontestável — de um caminho, o sucesso seria decorrência de apenas um caminho. A saber, o caminho que Carlos encontrou.

Se o sucesso dele só pode ser obtido pelo método dele, segue-se que as pessoas sem muito sucesso andaram por caminhos tortos. Carlos é mais.

Existe mais, na história. Foi chamado à presidência (influenciada pela área de gente) e dela ouviu que estava trabalhando como uma máquina. Uma advertência que caiu em ouvidos moucos. Ele continuou trabalhando como se fosse uma máquina, certamente acreditando que é uma máquina. Tudo é pensado como se ele fosse avião, porque o que realmente quer é voar. O próximo seria ele.

Essa dica da presidência foi o primeiro de dois inconfundíveis sinais amarelos que piscaram na frente de Carlos. O segundo foi o afastamento de três executivos por burnout, gente que trabalhou muito, depois passou a trabalhar demais e então foi aos limites do esgarçamento. Todos sob os "cuidados" de Carlos.

Quem, em sã consciência, gostaria de trabalhar sob a liderança de Carlos?

Carlos nem pisca com essas coisas. Ele conhece o caminho do sucesso. Na verdade, acredita que só ele conhece esse caminho. Quem for encostado não vai aguentar. Quem não for forte não vai aguentar. Então, é melhor que fiquem mesmo pelo caminho. É uma seleção para uma festa de poucos. E com cada vez menos gente numa festa cada vez menos prestigiada. Carlos tem ficado nervosamente sozinho nas últimas festas. Melhor sozinho do que mal acompanhado, ele diria. E a vida é dura para quem é mole.

Na verdade, são coisas que Carlos não diria em público pelo simples motivo que fica mal. Mas é o que ele pensa. Tem arrepios de trabalhar com gente passando por dificuldades, essas que a vida nos impõe. Quem estiver nessa situação, que reze para não cair na equipe de Carlos. Os doentes que não pegarem os retardatários serão eliminados. Estar ao lado dele é sempre perde-perde.

Compaixão é uma palavra que deveria ser substituída por desempenho.

Silva

Silva é um pé-de-boi para trabalhar, o que é uma precondição para suportar as demandas das lojas de uma marca de expressão que ele administra. Silva é gente boa toda vida. Os funcionários sabem que precisam cumprir bem suas entregas, mas sabem também que podem conversar com ele das dificuldades que não conseguem resolver.

Silva tem mais: um olho clínico para o humor das pessoas. O olhar desafiador, o cochicho de fofoca, a cabeça baixa demais, gente muito eufórica ou muito devagar: tudo isso Silva computa para evitar rupturas na equipe diante do frenesi do varejo.

Pâmela perdeu o pai faz dez dias. Filha única de mãe falecida há anos, Pâmela entrou num desespero existencial. Não come direito, pouco dorme, vai com frequência ao banheiro para chorar. As meninas acodem como podem, mas o conforto simplesmente não é suficiente. O pai era o último elo com uma vida significativa e se tinha perdido o teto com a morte da mãe, agora perdeu o chão. O resultado é uma depressão clínica. O problema é bem pior do que uma tristeza pontual, sente se desfazendo. Claro que não consegue trabalhar direito porque o corpo chega à mesa, mas fica ali estacionado, sem fazer nada com aquele olhar baço.

Claro que Silva percebeu. Já tinha visto a cena outras vezes, mas em outras vezes o caminho foi diferente. A pessoa perde alguém que ama, chora muito em casa, um pouco no trabalho, mas se aplica ao trabalho como maneira de manter a sanidade, que é trabalhar muito para não pensar em nada, para não sentir a dor.

Não aconteceu com Pâmela. Ela foi para baixo, lá ficou e seguia cavando. A questão objetiva que se punha diante de Silva é a avaliação de desempenho de Pâmela, o período de avaliação batia com o início da sua depressão. Das duas, uma: ou ela tirava 1 e corria o risco de ser demitida, ou tirava 2 e ficava sem o bônus de fim de ano.

Silva, que nunca tinha enfrentado uma dificuldade dessas, ficou inquieto. Se ajudar Pâmela para preservar uma ótima funcionária, estaria sendo injusto com a empresa e com outros funcionários, que não receberiam a mesma benesse. Se não ajudar Pâmela, vai se sentir o pior dos humanos porque, em nome dos interesses da empresa, pisaria nos últimos dedos com que Pâmela conseguia se agarrar ao trabalho e à vida.

Silva ficou macambúzio. Não era apenas uma questão de defender a Pâmela, de lhe dar uma segunda chance, era o risco que correria por defender a compaixão em vez do desempenho. Ou da compaixão no lugar da justiça. Ele também estaria colocando seu pescoço na guilhotina.

Se tudo estava esclarecido na mente de Silva, a questão agora era apenas de encontrar a coragem. Pensou no quanto gostava do trabalho, de como estava sempre rodeado de pessoas, de como gostava disso, do salário que era bom e de um chefe até razoável. Ajudar Pâmela seria uma injustiça com a empresa, pagar para um funcionário que não está trabalhando? Ajudar Pâmela seria uma injustiça com outros funcionários, que não obtiveram a mesma leniência?

No fim, Pâmela "tirou" 3 na avaliação e recebeu o bem-vindo bônus daquele ano. Por um preço: que procurasse ajuda profissional. Depois da nota 3, um pouco de vida se instalou em Pâmela, e então Silva viu nela a mesma recuperação que tinha visto em casos semelhantes.

Tudo porque Silva resolveu ser humano em vez de justo. Nunca se arrependeu.

REFLEXÕES

As regras seguidas pela justiça e pela compaixão são regras bem diferentes.

As regras da justiça vão pelo caminho do você-trabalha-e--eu-te-remunero. Existe também a justiça torta do eu-finjo-que--trabalho-e-eles-fingem-que-me-pagam. O caminho contrário também existe: você-não-trabalha-e-eu-te-dispenso. Essa parte é fácil de entender. Não é agradável, mas faz parte do cotidiano das empresas.

Já as regras da compaixão são outras. A compaixão representa o ápice da atitude que podemos ter diante de uma pessoa em sofrimento. Imagine um gráfico que tenha num eixo a "disposição de agir para ajudar" e no outro eixo a "compreensão da experiência de outras pessoas". O *Potential Project* mostrou que, quando essas duas variáveis aumentam em intensidade, o que se vê é um crescente continuum. Primeiro, é eu-sinto-muito, em seguida vem eu-sinto-por-você, depois eu-sinto-com-você e, por fim, vim-para-ajudar. Cada um dos níveis tem seu grau de envolvimento e de ação.

É difícil lidar com as pessoas que precisam mais de compaixão do que de conselho. Quem está em sofrimento fica ensimesmado, limitando-se à dor que cega. Aumenta a sensação de isolamento e dificulta a chegada de quem quer ajudar. Mesmo que haja uma conexão, as palavras de pouco servem e quem sofre bloqueia os conselhos com um você-não-sabe-o-que-estou-sentindo. Muitas vezes, o sofredor está certo.

Nem todos os sofrimentos são os mesmos. Pense no rapaz que está entristecido porque desmanchou um namoro. Ele descobriu que não gostava da moça o suficiente para continuar o namoro. Esse é um grau de tristeza. Pense agora na moça preparando seu enxoval de noiva, exultante que estava para se casar com o homem que ama. Dois dias antes do casamento ele liga para a noiva para conversar e, enquanto está no telefone, sofre um infarto fulminante e falece. Esse é outro nível de tristeza e é nesse nível que a compaixão se faz necessária.

Afinal, a compaixão não cabe na justiça. Veja o caso de Daniel.

Daniel está irreconhecível. Quem o viu três anos atrás e vê hoje terá dificuldade de reconhecê-lo. Cabelo bem mais branco e mal ajambrado. Olheiras profundas, barba por fazer, camisa de quem a usa para o dia a dia e para dormir e no dia seguinte de novo. O olhar estranhado, apagado. Daniel é um farrapo.

Sérgio é o outro farrapo da família. O que se diz de Daniel também se pode dizer de Sérgio, com a diferença que Sérgio é viciado em drogas e Daniel não. É Sérgio que sai cometendo irresponsabilidades com um dinheiro que quase nunca tem e que precisa arranjar na mesma velocidade em que fuma suas pedras. E que joga nas espeluncas especializadas em tirar dinheiro de gente cheirada e fumada. E a cachaça, claro. Que bebia sem sabedoria enquanto se graduava da maconha para a cocaína e depois para as pedras.

Daniel é pai de Sérgio. E Sérgio não tem mãe desde a adolescência.

Já não sabe o que fazer com o filho faz tempo. Está há quinze anos nestas trevas. Bom empregado, bom salário e boa empresa, Daniel conseguiu poupar um valor considerável. Quando a esposa faleceu, Sérgio se rebelou e foi direto para as drogas. Daí, começou a novela de arranjar uma clínica de desintoxicação atrás da outra, dinheiro escorrendo a rodo a cada casa prometendo recuperação. Sérgio fugiu de todas como se tivesse um instinto de buscar a morte na velocidade mais alta possível. Ele foi se acabando, foi roubando, de casa antes e dos outros depois. Já tomou surras épicas, o que apenas o fez mudar de freguesia. Noiado de dente preto e cérebro fritado.

Daniel se equilibrou como pôde. Quando as reservas acabaram, foi demitido da boa empresa. Não estava tendo desempenho à altura do cargo. Por fim, Sérgio morreu numa overdose, ficou jogado na sarjeta. Como testemunhas do funeral, apenas Daniel e os funcionários do cemitério, que nem coroas tinham para carregar. Daniel hoje vive penhorando sua coleção de relógios, o restante dos relógios que Sérgio não conseguiu achar. Mês passado pegou dinheiro com agiota. Pelo que se vê, Daniel também levará surras épicas.

Daniel não precisa de justiça. Daniel precisa de compaixão. E a compaixão testará os limites da nossa humanidade. Uma liderança compassiva para uma vida humanizada.

FRAGMENTOS

[A gente] revira o vazio em alta tensão
A gente não tem compaixão
Se contenta co'a razão
Nem com a gente mesmo
A gente tem compaixão

COMPAIXÃO, LULU SANTOS

O homem abalado tem direito à
compaixão de seu próximo.

TRADUÇÃO ECUMÊNICA DA BÍBLIA, JÓ 6:14

É incrível como [as mulheres] ainda acreditam nos valores da raça, como têm mantido os valores da justiça, como ainda podem sentir a mais profunda compaixão, não apenas por si mesmas, mas por qualquer pessoa oprimida; isso é um tipo de milagre, algo digno de ser preservado e passado adiante.

EM BUSCA DOS JARDINS DE NOSSAS MÃES,
ALICE WALKER

Agora eu vou cantar pros miseráveis
Que vagam pelo mundo derrotados,
Pra essas sementes mal plantadas "..."
Quero cantar só para as pessoas fracas,
Que tão no mundo e perderam a viagem.

BLUES DA PIEDADE, CAZUZA

CAPÍTULO 13

ARREBATADO PELA PAIXÃO

Sem paixão não tem solução. Uma liderança apaixonada pela vida, o tempo e as pessoas.

DIÁLOGO

— A verdade é que não tenho muito com quem conversar. Como se não bastasse ser tímida.

— Eu não sou tímido, mas também não tenho com quem conversar sobre essas coisas.

— A gente escolheu áreas que não dão muito ibope.

— Verdade. As pessoas até dizem que gostam de literatura, mas elas estão se referindo a *Game Of Thrones* e outras séries. Nada contra, mas não é nisso que penso quando penso em literatura.

— Eu, que sou matemática, nem isso tenho. A única série sobre matemática nem saiu aqui no Brasil, que é *Numbers*. Fora que as pessoas desconfiam de mulheres na matemática.

— A gente está mal ajambrado, hein?

— É, infelizmente. Eu só consigo conversar na faculdade, mas nem lá é tão fácil. A gente passa muito tempo estudando ou no laboratório de informática. Quando tem um intervalo, todo mundo está zoado e a última coisa que a gente quer falar é de matemática. Não é como nos livros.

— Que tipo de livros? Que você leu na faculdade?

— Não, os que li antes da faculdade e me inspiraram a entrar na matemática.

— Tenho dificuldade de imaginar alguém que fique animado lendo livros de matemática.

— Pois é. Mas sabe o que me levou à matemática? A elegância.

— Como assim, elegância? Aí você vai ter que explicar.

— Já estamos conversando sobre matemática. Improvável, mas agradável.

— Vamos, explique logo. Elegante para mim é a Catherine Deneuve. Difícil imaginar que fazer contas seja uma coisa elegante.

— Não precisa esculachar também, não estou falando de fazer conta.

— Opa, desculpaí. Mas fala.

— Lembra quando na escola tinha aqueles exercícios de provar que uma equação era equivalente à outra? Ou que eram inconsistentes?

— Lembrar mesmo, não lembro. Eu sou de humanas, de letras. Colei tudo de um chinês com aparelho nos dentes. Eu pagava uma grapete no intervalo e ficava tudo certo.

— Então, na matemática de alto nível existem diferentes maneiras de provar um enunciado matemático. Entre essas maneiras existe uma que é mais elegante, que é provada de uma maneira, digamos assim, mais charmosa.

— Ahn, mais charmosa...

— É difícil explicar por que precisaria discutir os passos das provas possíveis com você, mas é chato para quem é de fora.

— Não dá para fazer uma metáfora, algo assim mais abstrato?

— Dá sim. Imagine que tem uma parede branca e um pintor vem dar uma demão. Era branco, continua branco. Era uma pintura chapada e continua chapada. Porque o pintor só sabe fazer seu trabalho usando uma única ferramenta e uma única metodologia.

— Bom, isso eu entendo.

— Agora imagine contratar um pintor com mais recursos, mais "elegante". Ele dá uma demão de branco, mas usa tons pastéis nas bordas da parede com arabescos muito bonitos e bem pintados, com tons diferentes, com cores que se complementam. Isso é uma pintura elegante. O resultado elegante, muitas vezes superior.

— E dá para fazer isso com a matemática? Essa é nova para mim.

— Dá sim. Sua prova matemática, ou definição matemática de algum objeto, pode ser uma parede chapada ou uma parede elegante com arabescos e cores combinantes. E o tratamento matemático mais elegante é também considerado o mais verdadeiro.

— Quer dizer, que se lasquem os pintores de branco chapado na parede?

— Isso. Eles podem atingir um objetivo, pintar a parede, mas a crueza de uma demonstração é um veneno para qualquer matemático que se preze.

— Deix'eu entender. Você falou de verdade?

— Falei. Mas da verdade matemática.

— E quantas verdades existem?

— Na verdade, a gente fala de demonstrações elegantes.

— Vou acreditar porque você está falando, mas é um negócio muito doido, não?

— Não pode chamar de doido porque a matemática pode modelar quase tudo na natureza. Para não dizer tudo.

— Modelar não é quando uma modelo faz uma sessão de fotos?

— Para de esculhambar, mano. É claro que sabe que modelar não é isso.

— Desculpe, não resisti à piadinha. Mas diga lá o que é modelar.

— É quando existe um fenômeno e você quer saber qual a equação matemática que melhor descreve esse fenômeno. Um exemplo clássico é a modelagem da trajetória dos planetas e satélites. Você estuda a trajetória de um planeta e depois encontra a equação que melhor descreve os movimentos que ele faz. Se você fizer o mesmo com os outros planetas, terá um sistema fechado e as equações correspondentes. Depois, pode examinar as equações para descobrir regularidades entre elas. É assim, por exemplo, que se predizem os alinhamentos de planetas e os eclipses.

— Ah, então modelar é fazer um modelo de como as coisas funcionam.

— Isso. Muitas equações são fortes o suficiente para prever fenômenos. O clima é um dos fenômenos mais complexos que existem, que precisa ser descrito por uma enormidade de equações, com inúmeras variáveis, e mesmo assim o acerto é impressionante.

— Ok, você me convenceu, serve para mais coisas do que fundir o cérebro do cidadão.

— Eu mesmo trabalho com o pessoal da neurociência tentando modelar o funcionamento dos neurônios. É muito complexo, funde meu cérebro às vezes, mas é legal.

— Nossa, minha santinha! Vocês fazem? Qualquer dia vão querer colocar um chip no meu cérebro para saber o que estou pensando.

— Muita gente já teve essa ideia, mas ainda está longe de virar realidade. Mudando um pouco de assunto, você gosta de filosofia?

— Gosto sim, mas não manjo muito.

— Tem essa área da matemática que é filosófica, sabia? Eu acho que fica mais fácil para quem é de humanas. Só vou falar disso e depois vai você.

— Ok, você me pegou. Manda.

— Você deve lembrar daquela distinção que o Platão fazia do mundo das ideias, do mundo das formas, e do mundo real, também chamado de sensível. Sensível porque pode ser conhecido por meio dos sentidos: tocado, cheirado etc. As pessoas chamam de metafísica dualista. O mundo das ideias é perfeito porque é abstrato, e o mundo real é apenas uma projeção do mundo das ideias. Para Platão, o mundo real deriva do mundo das ideias. Lembrou disso?

— É, lembrei mais ou menos. É possível que tenha faltado nessa aula. Mas o que isso tem a ver com a matemática?

— Precisamente. Pensa comigo: os objetos matemáticos são abstrações, certo?

— Objetos?

— Equações, o círculo, o cone, o tensor de curvatura de Riemann, essas coisas.

— Ah...

— Não precisa fazer essa cara de nada. Você vai entender o que quero dizer.

— Ah, tá...

— Putz, até me perdi. Onde estava mesmo? Ah, sim. Os objetos matemáticos são abstrações, certo? Você pode desenhar um círculo, mas ele pertence ao mundo das ideias. Você pode imaginar um círculo porque ele está no mundo das ideias. Pelo menos é o que dizem. Mas a coisa entorta quando você se pergunta se o círculo existe mesmo no mundo das ideias. O que você acha?

— Eu acho que definitivamente faltei nessa aula. Mas acho que estou pegando a ideia.

— A pergunta filosófica que os matemáticos fazem é: os objetos já existem no mundo das ideias, e os matemáticos descobrem esses objetos matemáticos, ou o objeto é inventado quando um matemático define esse objeto? Encontrado ou inventado? Essa é a questão.

— E não é que faz sentido? Putz, nunca tinha pensado que era possível fazer filosofia com a matemática. Não sei se conseguiria repetir seu argumento, mas achei isso bem legal. Vou perguntar algum dia para alguém das letras.

— Perguntar se ele é platônico ou não platônico quando se trata de matemática. Aí o cara vai me perguntar se tenho algum problema, e aí explico como der e fico feliz com a cara de espanto. Boa!

— Que maldade!

— Só vou distribuir a maldade que você está fazendo comigo. Mas diga, você é platônica ou não.

— Sou platônica. Eu acho que a ideia do neurônio já existe, a gente que descobre as características do neurônio e tenta modelar da maneira mais precisa possível. O povo que "vê" soluções matemáticas com os olhos fechados também é platônico.

— Ah sei, aqueles filmes com geniozinhos que resolvem tudo só vendo uns símbolos na cabeça, não é?

— Aquilo é só uma maneira de representar o que acontece na mente dos que "veem". Mas a ideia é essa.

— Nossa, legal.

— Não vou matar você com as outras coisas da matemática. Tipo a teoria da incompletude de Gödel, teoria dos números ou o enunciado de Fermat.

— É, por favor, que meu cérebro de letras já está fervendo.

— Por que você não aproveita e me conta umas coisas de letras?

— Tem certeza? Eu posso enterrar uma pessoa só usando as coisas de que gosto.

— Bom, manda aí, se ficar muito pesado, aviso.

— Ok. Para começar queria repetir o que uma amiga um dia me disse. Ela não é de letras, o que faz a coisa ficar mais valiosa. Ela me disse: "Nossa, estou me sentindo tão ralada com essa vida doida que preciso de poesia para me equilibrar. Tem alguma poesia para traficar?".

— E aí? Você tinha?

— Tinha só uma pílula. Saca só.

A claridade de cada novo dia
Quando saiu a me encontrar com ela
Sempre teve para mim
O encanto da existência renascida

— Nossa, que forte. De quem é?

— Do Josué Montello.

— E aí? O que aconteceu?

— Ela disfarçou, mas olhos dela marejaram. Pediu se eu podia escrever isso para ela. Eu podia, escrevi e entreguei para ela. Foi embora sem se despedir, simplesmente foi embora olhando o papel como se fosse uma revelação divina.

— Como é a última linha?

— "O encanto da existência renascida".

— Ela certamente obteve o que pediu. Que coisa bacana.

— Depois ela postou nas redes com um agradecimento para mim. E só o que fiz foi passar umas linhas.

— Evidentemente, foi mais do que isso.

— É que a poesia, mesmo quando o significado é elusivo, abre umas portas desconhecidas na pessoa que lê. É muito doido.

— Doido. Fico até pensando que os matemáticos ganhariam em elegância se lessem mais literatura.

— Pois é, essa ligação já foi feita. É, tem um autor francês que chama Georges Perec. Ele participava de um grupo que eu não me lembro o nome, deixa eu ver aqui no celular... A *Oficina de Literatura Potencial* (Oulipo), que queriam aumentar o potencial da literatura usando ideias da matemática. Era uma coisa bem maluca, mas muito interessante.

— George o quê?

— Georges Perec, melhor você anotar.

— Anotei já. Vou procurar e depois a gente conversa. A parte matemática eu garanto, mas a de literatura fica com você.

— Ah, vai dizer que quer começar um grupo de trabalho?

— Por que não? Ainda não dá. Só queria que você lesse outras coisas.

— Então vamos à biblioteca, tem muita coisa lá.

...

— Aqui, peguei uns livros. Peraí, deixe eu achar uma coisa.

— Tô perando.

— Achei. É o trecho de um livro do Alan Lightman, que é escritor e professor de física.

— Essa conversa está bem interdisciplinar.

— Pois é. Ele está escrevendo assim: como seria o mundo se o tempo fosse como um círculo fechado sobre si mesmo?

— Nossa, não sabia que círculos eram assunto para a literatura. Mas leia, *plíss*.

> *Na maior parte dos casos, as pessoas não sabem que voltarão a viver suas vidas. Comerciantes não sabem que farão o mesmo negócio várias vezes. Políticos não*

sabem que gritarão da mesma tribuna um número infinito de vezes no ciclo do tempo. Pais e mães conservam na memória a primeira risada de seu filho como se nunca mais fossem ouvi-la. Amantes, ao fazer amor pela primeira vez, despedem-se timidamente, mostram-se surpresos com a coxa acolhedora, o frágil bico do seio. Como podem saber que cada olhar secreto, cada toque, serão repetidos e de novo repetidos, exatamente como antes?

"Amantes" e "coxa acolhedora" lançaram no ar muitos elétrons com a função de criar uma eletricidade muito peculiar entre os dois.

— Continue. Minha aula da tarde já era mesmo.

— Você fez catecismo, ou coisa parecida?

— Eu era muito pequena, não lembro de quase nada.

— Mas lembra do Gênesis?

— Mais ou menos. Precisa aprender teologia para entender literatura?

— Não, nem é isso. É que o autor faz uma referência. É melhor eu ler do que ficar explicando.

O Espírito do Homem é universal e aspira à plenitude e à graça, tem como causa comum a todas as suas consciências essa aspiração, que se traduz na paz final de existir sem que se veja a existência, existir como essência, só existir, porque o Espírito do Homem anseia a perfeição, que é o Bem.

— "O Espírito do Homem anseia a perfeição", que forte isso. A matemática também anseia uma perfeição, tem uma intenção de ser completa, de alcançar demonstrações inequívocas, indubitáveis.

— Esse foi o João Ubaldo Ribeiro. Tem mais um pedacinho que eu queria ler.

— Manda.

> *Ninguém olhou para cima e assim ninguém viu, no meio do temporal, o Espírito do Homem, erradio mas cheio de esperança, vagando sobre as águas sem luz da grande baía.*

— Ah, essa referência eu peguei. É aquela história que o Espírito pairava sobre o abismo, não é isso?

— É isso mesmo. Pelo jeito você sabe mais do que imagina. Ele usou a referência e transformou em outra coisa. Essa é uma das mágicas da literatura. Queria ler também um trecho pesado, do Primo Levi, em que ele fala da passagem do tempo dentro de um campo de concentração na Segunda Guerra Mundial.

> *Estamos contentes com isso. Quando a gente espera, o tempo desliza de mansinho sem que se deva interferir para chutá-lo para a frente, enquanto, se a gente trabalha, cada minuto passa penosamente através de nós e deve ser expulso com esforço. Ficamos sempre contentes ao esperar, somos capazes de esperar horas e horas, com a absoluta, obtusa, inércia da aranha numa velha teia.*

— Nossa, que pesado. Dá até uma coisa ruim saber que foi escrito por um interno de Auschwitz. Quer dizer, é Auschwitz, certo?

— Deix'eu ver aqui na orelha... É sim, Auschwitz.

— Nossa...

— O que confirma uma espécie de universalidade da literatura. Às vezes, serve para divertir, mas nem sempre. Às vezes, fala do lado sombrio das pessoas, das coisas desprezíveis que conseguem fazer. Aliás, a impressão é que a literatura sempre fala do que é iluminado e do que é sombrio no ser humano. A gente nunca mais é o mesmo quando consegue achar o ritmo dos escritores.

— Posso ler mais um?

— Bom, tenho mais dois e aí eu acho que já é suficiente por hoje.

— Então leia o penúltimo.

> *Vais me desculpar, mas não pareces judia. Não uma judia como eu, pelo menos. Para começar, é bonita: pele lisa, feições delicadas, nariz pequeno, bem diferente do meu nariz judaico, grande, poderoso, um nariz que fareja mais coisas do que deveria farejar. Eu não sou feia, propriamente, mas estou muito castigada pela idade e sobretudo pela vida. Olha a minha cara, olha as rugas, as olheiras... Castigada, sim. Sofri muito. E é por isso que sua beleza me chama a atenção: sofreste, mas nem por isso o sofrimento aparece nas tuas feições. Sim, és bela. Só não me agrada muito tua expressão. Para o meu gosto pareces meio desligada.*

— Eita, quem é essa? Que coisa ácida.

— Mas você gostou?

— Achei lindo. De quem é?

— Do Moacyr Scliar. A história é assim. É uma mulher judia maltratada pelo pai que tenta encontrar no casamento um alívio. Não funcionou, eles viviam às turras. Só tiveram um descanso quando ela engravidou, e aí as coisas ficaram no lugar durante um tempo. O marido morreu, ela criou um filho que cresceu e virou ativista contra a ditadura militar. Ele foi preso, torturado e morto nos porões da ditadura. Ela, que já vinha como várias dificuldades mentais, ficou comprometida de vez e internada numa clínica psiquiátrica. Na clínica tinha uma capela, e na capela tinha uma estátua de Maria. É com essa Maria, que também perdeu o filho, que ela está conversando. O trecho segue longamente com as confissões de uma mulher para o silêncio de outra "mulher". É uma leitura fantástica.

— Acho que estou prestes a ter uma overdose. Pega leve, meu querido.

Ela disse "querido".

— Puxa, é mesmo. Mais um trecho e a gente termina. E eu não poderia terminar com ninguém menos do que Guimarães Rosa, também conhecido por João.

— Ah, sempre tive curiosidade de ler esse cara. Falaram que ele escreve bem diferente.

— Diferente é um adjetivo aplicável. Vou ler para fechar esse dia cheio de conhecimentos.

> — "..." *Mas casada ela não é, Surupita. Divertiu do marido faz tempo. Ah, Surupita, de confessar eu não purgo soberbas nem vexames: eu gosto dela, entendidamente. Azo que estou certo, coração me conta, que ela também em um amor gosta de mim... Você pontuando não acha, pelo dito que eu disse, pelo que já te*

contei? "..." Mas eu gosto, Surupita. Ao que não posso viver sem ela — com outra não tolero casar! Tem muitas moças-famílias que me querem, até eu digo — ave! — e uma, bem bonitinha, na minha terra, se sabe que fez promessa santo, p'ra me casar em vão. Sem-graças. Mas, Surupita, amor é coragens. E amor é sede depois de se ter bem bebido.

— Muito bom, hein? Pena que não entendi nada. Vai, me explica.

— Eu também não sei, mas adoro. Só sei que o Surupita é uma espécie de ex-jagunço que não tem medo de nada. Mas o resto... tem que ler um mundaréu de vezes antes de entender. Aliás, uma pessoa dizer que entendeu Guimarães Rosa é muita vaidade.

— Chega por hoje, né? Estou exausta.

— Eu também. Cansado e com fome. Tem uma cantina legal aqui perto, vamos lá.

***

Íntimos que já estavam, o seguimento da conversa fluiu bem, liso, gostosamente malemolente.

Ninguém sabe dizer como foi. A versão mais acreditável, que nunca será provada, é que cada um começou a bater na cabeça o "amantes", e depois na roda se imiscuíram as "coxas acolhedoras". Os elétrons eletrificantes nunca foram embora, mas agora eles eletrificavam mais rápido, ionizando o ar, facilitando a corrente de um passar para o outro e depois vice-versa. Paixão, números e letras.

Do verso dele surgiu a matemática dela.

Um mais um foi um.

CASOS NÃO POR ACASO

Adriana

Cinco minutos para o momento que seria o ápice de sua vida profissional. Papelzinho na mão para não esquecer nada. Ela tentava decorar, mas não adiantava porque a descarga brutal de adrenalina embaralhava a vista. Não era insegurança nem medo. Era a paixão que ressoava com as mil e duzentas pessoas no auditório.

— É a Adriana que vai falar. Nossa, ela é muito fera.

Era essa a avaliação, era essa a expectativa das pessoas. É a Adriana que vai fechar a convenção. Só pode ser coisa boa. Vai ter emoção. Vai ter coração.

Ela com o papelzinho na mão para dizer o certo na hora correta. Nada podia sair errado. Se ela tinha chegado a vice-presidente era por causa daquelas pessoas. A primeira palestra pós-promoção ninguém esquece. Já estava bom demais para cla; estava recompensada com o momento, então tinha que ser bom para as pessoas tanto quanto estava sendo para ela.

Adriana tinha cinco minutos, agora só tem dois. Viajou nos seus pensamentos, três minutos transcorridos que misturaram concentração com o frio na barriga.

Um minuto. Ela jurava que estava ouvindo um zumbido, uma estática. Eram as pessoas cochichando enquanto esperavam a música bombástica da noite de encerramento da convenção de vendas.

A música de abertura veio como deveria, épica. Os minutos tinham acabado. Agora era ela e mil e duzentas pessoas. Sentiu um uníssono com a plateia. Lembraria para sempre de uma noite inesquecível. Nada mais importava. Ela e eles. Eles ansiosos pelo que aconteceria, como ela mudaria realidades com suas palavras e seu jeitinho de leão.

O papelzinho deu certo, foi mais por segurança do que por qualquer outra coisa. Saíram os agradecimentos, os patrocínios, a coisa de começo como costuma ser. Mais uma música, uma dinâmica com três clowns serpenteando pela plateia. Ela verificava o tempo todo o microfone, se estava ligado, se estava do jeito certo. Não queria o esculacho de um técnico mexendo na cintura da sua saia. Deu tudo certo. Só faltava o outro lado do papelzinho, o discurso sobre o qual havia tanta expectativa. Decorou a primeira linha, achou até que poderia ir sem o verso.

Acabou a música, os clowns bem-sucedidos e bem-aplaudidos terminaram a intervenção e agora só existia a luz forte focada nela. Resistiu à tentação de colocar a mão para impedir a luz. Não cairia bem. Pensou nas pessoas, e quis mais e melhor. Aquela noite era a noite.

Entre ela e a plateia não havia nada. O microfone era de lapela, ela só tinha o papelzinho para segurar. Não tinha púlpito, só uma tímida mesa com água que ela pretendia não beber a não ser por motivo de grave precisão.

Começou a palestra, começou seguindo o roteiro do papelzinho. Mas, como nem sempre as coisas vão como se planeja, ela teve um estalo. Fez uma pausa dramática, uns segundos em que ela parecia flutuar na existência. Guardou o papelzinho. Faria voo solo.

Contou como aprendeu a ser ratona de balcão com o pai e a mãe na vendinha que eles tinham. Eles não eram a vendinha mais barata da cidade, mas era sempre bem frequentada. Ela atendia quando não estava na escola. Achava fácil pegar o produto e cobrar por ele, a maioria não reclamava de nada, pegava e pagava. Quando tinha cliente encrencando, ela chamava reforço, que nesse caso era a mãe. Ela dava um jeito de enquadrar bravezas, sempre eficiente e nunca mal-educada. Ela resolvia. Se aparecia algum cliente que ficava miando em vez de brigar, a tropa de choque era o pai, que fazia voz doce, concordava com tudo que o cliente falava, menos com desconto muito grande. Por isso, ela passou a infância sem carências.

Disse que ela é mais um caso de herança genética em vendas. Logo ela cresceu e saiu da aba dos pais. Descobriu que sabia vender coisas e ideias, e que às vezes as ideias são mais lucrativas. Descobriu que os clientes corporativos eram os mesmos da vendinha, só mais bem vestidos. Tinha o bonzinho que pedia um descontinho, tinha o bravo que exigia descontão. Descobriu que tinha a mãe e o pai dentro de si. Rugido ou miado, tanto fazia, ela resolvia.

Ela sentiu pelo zumbido surdo que a plateia tinha grudado nela.

Contou do primeiro emprego, produto ruim, cliente chato. Contou que foi ganhando a confiança dos pares e, quando percebeu, já estava funcionando como uma espécie de gerente informal. Não achou que fosse grande feito, porque naturalmente ela se dava com as pessoas e naturalmente se dava com os clientes. Os donos da empresa, mais acostumados a empurrar em vez de pedir licença, começaram a perceber que os números melhoraram na ausência dos empurrões, e começaram a achar que aquela menina da vendinha tinha algo de especial.

Tinha mesmo: paixão por vendas, competência para vendas. E um gosto pelas pessoas que nunca considerou suas inimigas. Quer dizer, só algumas por aí.

Ela passou por algumas empresas, sempre como vendedora. Numa até chegou a ser supervisora, mas era aquela espécie de promoção caranguejo, andando só para o lado. Mais trabalho, mesmo salário.

— Até que o mundo rodando e as oportunidades se abrindo, eu vim parar aqui como vendedora. O que fiz? O que sempre faço, que é vender. Cansei de ver gente aprendendo a vender melhor só de me observar, e isso é uma coisa que gosto de fazer, gosto quando acontece. Nunca considerei essas pessoas minhas concorrentes e que eu iria perder se compartilhasse informações. Eu sei como? Porque meu contracheque nunca ficava menor. E, no fim, bater metas é uma diversão.

— As coisas foram andando desse jeito. Quando ficava bom num lugar, me mandavam para outro departamento. Eu gosto de reformar, de consertar coisas. Só que agora, fui promovida e ganhava mais. Quando percebi, fiquei ainda mais atiçada em meus instintos vendedores. E vende, inspira, conserta, junta as pessoas, e esse foi meu mantra para ser promovida mais outra vez e outra vez.

— E agora...

Fez um momento porque os olhos marejaram. Todo mundo percebeu, ninguém achou fraqueza.

— E agora, converso com vocês, uns dias depois de ser promovida a vice-presidente, o que ainda não estou acreditando. Sei o que aconteceu, mas a ficha não caiu. Só sei que é por isso que estou conversando com vocês, contando da minha trajetória que muitos não conheciam. Pois quero que vocês se divirtam vendendo como eu gostava ao encostar a barriga no balcão na vendinha dos meus pais. Eu tive a sorte de nascer de pais talentosos, mas você pode procurar um novo pai e uma nova mãe aqui mesmo. E vocês, pais e mães de venda, podem transmitir tudo o que sabem, porque vencerão mais, fora a alegria que o cuidado traz.

— Se pudesse enviaria raios para cada um de vocês estimulando-os a cultivar a paixão pelas vendas! Se pudesse abraçaria vocês todos, dizendo que os clientes que rugem e que miam são nossos amigos, porque eles nos ajudam a alcançar nossos próprios sonhos.

— Meu sonho era ser diretora nessa empresa que fez tanto por mim, que tanto me estimulou. Mas aconteceu, de ser vice-presidente. Imagine isso, menina, imagine isso, menino! Tudo porque acreditaram em mim.

— Hoje, fechando essa convenção, é o melhor dia da minha vida. E quero que também seja um dia marcante para vocês. Vendam, vendam, vendam. Vendam vocês mesmos que os produtos seguirão. Façam disso um sacerdócio que coisas santas acontecerão. Comprem a ideia, vistam a camisa e, aqui nessa empresa, sob a minha vice-presidência, vocês nunca andarão de lado. Porque não é o produto bom que se vende, mas se vende o produto que vem você de vendedor.

— E agora eu quero saber: vocês compraram meu discurso, minhas ideias?

Todos vibraram com o jogo de palavras.

O zumbido surdo das conversinhas de início de palestra se transformou num estrondo de mil e duzentas vozes. Os clowns voltaram e tudo virou festa com a banda que ia animar todo mundo até altas horas.

Tinha terminado. Deu tudo de si, falou do coração, abriu o peito e todo mundo veio junto. Abraços infindáveis, "Parabéns".

Que noite! Que noite!

***

Quando o ciclo se encerrou naquela empresa, Adriana foi para outra, como é o normal. Mas ela foi com uma inquietação: será que a nova empresa seria como a anterior, com todas aquelas vivências e — meu Deus! — aquela noite de encerramento da convenção de vendas? Ela acreditava na sua capacidade e na sua garra, mas não sabia se a empresa nova poderia animá-la do mesmo jeito.

Encontrou no shopping uma senhora do emprego anterior, uma que esteve — meu Deus — naquela noite de encerramento. Falou de tudo. Do filho médico, das fofocas de quem ficou com quem, dos velhos tempos. Mas, espera um pouco... dos velhos tempos?

É, dos velhos tempos, dos tempos da Adriana, da usina de energia que era aquela moça com cara despretensiosa, do clima que existia por metros em volta daquela moça que trabalhava numa vendinha desde pequenininha.

Adriana não entendeu a princípio. Elogiou a empresa anterior, disse que as coisas deveriam estar tão bem ou melhores.

— Ah, não é isso não, minha linda. A empresa não é mais a mesma. Ainda vende bem, mas não é mais a mesma coisa. Está faltando alguma coisa.

— Que coisa é essa? Quando eu saí de lá estava quase tudo perfeito.

— Agora não está quase tudo perfeito, minha menina de barriga no balcão. Não está tudo bem porque você não está lá para iluminar a gente com sua energia infinita.

— Mas...

— Mas nada. Quem fazia aquela empresa brilhar era você. Sorte de quem trabalha nessa nova empresa. O sol vai bater lá agora.

***

Adriana nunca deixou de ter uma ponta de desconfiança com aquela conversa. Não se achava um poço de energia iluminando as pessoas. Ela achava que todo mundo poderia aprender a vender como ela. E que nem isso era propriamente dela, mas da mãe e do pai.

Ainda assim, acolheu as palavras daquela senhora. Um pouco de pretensão não fazia mal, fazia? No fim, a única coisa que fez foi botar em si, protagonista, o selo de "protagonista".

E a nova empresa? O sol começou a andar por lá.

Beto

Ele vinha lá pela intermediária do próprio campo, bola na canhota, pela esquerda. Foi avançando até o meio-campo. Num relance, fez seus cálculos e mandou a bola para o centro. O centro mandou a bola para o lateral direito, já na intermediária do oponente. Abriu-se um espaço enorme para ele e deu uma fome de bola. Era incomum, mas será que o lateral direito inverteria o jogo, lançando uma linda bola cruzando o campo?

Era o Jairo com a bola e, num átimo de prestidigitação, fez exatamente isso: inverteu totalmente o jogo. A bola vinha certeira na bica da grande área. Era a hora da canhota, ganhar na corrida do zagueiro e resolver.

Pensou com o corpo, tudo em movimento. Mataria a bola no peito, deixaria quicar uma vez e bateria rasteiro? Dominaria com a canhota, conduziria por uns poucos metros e daria uma cavada quando o goleiro chegasse? Tudo em frações. Deixou o corpo decidir. Sentiu a ponta da biqueira latejar enquanto acompanhava a bola andando numa parábola. Vai na veia. Nem deixou quicar. Bateu com arte e força. Linda, desapegada de tudo, foi no ângulo direito. Na toca da coruja, como dizem os antigos. Venenosa, caprichosa, curvilínea, bateu no alto da trave direita, bateu nas costas do goleiro em pleno voo e entrou, caprichosa, rodando e girando, rotação e translação.

Fim de jogo, correu para o abraço. Nem lembra o que disse na entrevista para a rádio. Comemorou com os colegas e com a torcida. 1 x 0.

***

Beto foi um sucesso como jogador. Não só porque conseguia fazer gols como esse, mas porque era consistente e habilidoso. Quando a bola vinha pela esquerda, os torcedores já se alvoroçavam. Sempre esperavam um quê a mais dele. Um drible, um passe certeiro, uma marcação. Todo mundo sabia que o Beto sabia o que estava fazendo.

Raramente era substituído e naturalmente era o capitão do time. Tem essa coisa de liderança, ele também tinha. Não que ele fizesse questão, até preferia não carregar esse peso. Mas os jogadores prestavam atenção nele. Sempre tinha um despeitado que reclamava, sempre na surdina. Só que os outros ficavam mais calmos só por ele estar ali.

Que bela carreira de jogador fez o Beto. Ganhou vários títulos, foi eleito o melhor jogador do campeonato mais de uma vez. Para um lateral esquerdo, ele até que fazia muitos gols. Seu time de médio porte o agradava como podia. Porque Beto entregava. Porque Beto inspirava. Porque Beto jogava muito, e sempre.

O tempo passa para todos, passou para o Beto também. Quando as pernas já não venciam os zagueiros na correria, viu que estava na hora de parar. Já vinha pensando nisso, conversou com amigos e remoeu bastante. Agora, seria técnico. Era um jeito de não se afastar da sua paixão de uma vida inteira, o futebol.

Claro que havia uma expectativa, mas ninguém se surpreendeu quando sua primeira equipe começou a estabilizar e depois ganhar jogos. Quando as experiências positivas se acumularam, as pessoas começavam a dizer que o jogo foi ganho pelo "fator Beto". Voz do povo, voz de Deus, pelo menos nesse caso.

Não demorou muito para que seu trabalho com times médios se destacasse e chamasse a atenção dos times grandes. Seu nome começou a frequentar esses círculos. Precisavam saber se teria o estofo para um desafio tão maior, responsabilidade idem. E teve a chance de tirar as dúvidas no primeiro time grande como técnico.

Foi recebido com entusiasmo. A torcida, esperançosa por dias mais vitoriosos, foi recebê-lo no aeroporto, com direito a cartaz e muitas selfies. Era para ter sentido a pressão, mas no fim se entusiasmou com aquele calor humano. Em vez de se acanhar, Beto cresceu com a torcida.

No dia do primeiro treino, chegou antes para andar pelo canto, sozinho, em silêncio. Era seu ritual. Queria sentir o campo. Chegaram os jogadores, mais abraços e selfies, o diretor de futebol exagerou nas credenciais, mas era assim mesmo no mundo da pelota.

Na entrevista coletiva, fizeram várias perguntas que se resumiam a uma só: como você vai fazer para que o time comece a ganhar de novo? Ele deu várias respostas que se resumiam a uma só: vou fazer o que sempre fiz, os princípios são os mesmos, um time precisa de muita consistência e de algumas mágicas para vencer. E assim foi a entrevista, variações sobre um mesmo tema.

Só uma semana para conhecer os jogadores da casa e os que estavam chegando. Só uma semana para arrumar um esquema tático. Só uma semana para ver quem estava inteiro e quem estava estourado, quem estava bem e quem só aguentaria um tempo e, assim mesmo, com boa vontade.

Chegou o dia da estreia, adversário pedreira, como sempre seria daqui por diante. Primeiro tempo finalizado, dois gols para o adversário. Beto viu o sonho escoar por entre os dedos, porque aquele jogo era classificatório. Injustiça colocá-lo nessa situação, mas tinha aceitado o jogo do jeito que foi oferecido. Agora toda sua carreira estava pendente de um jogo que começara mal, muito mal.

Beto entendeu, instintivamente, que o jogo não mais seria definido no campo. A decisão seria tomada no vestiário. Quinze minutos para mudar o mundo.

Começou a falar mecanicamente, convencionalmente. Fez isso por um minuto ou dois. Parou logo com aquela abordagem. Resolveu trazer todo mundo junto com ele, como se abraçasse todos os jogadores e fizesse deles um só.

— Deix'eu mudar essa prosa aqui. Eu quero contar sobre o gol mais apaixonado da minha vida. Vocês sabem que sou canhoto, jogava pela esquerda. Estava na intermediária do nosso campo e fui avançando porque não tinha marcação. Quando os caras chegaram fechando eu toquei para o meio-campo. Enquanto isso, ia avançando, os caras não estavam prestando atenção em mim. O cara do meio-campo avançou bem e deu um passe comprido para o lateral direito. Nessa hora, a gente já estava na intermediária do ataque e aconteceu um milagre. Eu pensei "e se esse lateral inverte o jogo com tudo e manda a bola na minha canhota? Não era a jogada ensaiada, era para ter posse de bola até achar um espaço pelo meio. Eu estava alucinado de receber essa bola improvável. A única coisa que sei dizer é da mágica daquela bola surpreendente vindo na minha direção, certinha, redonda, com mel. Eu pensei, desacreditei, mas ela veio assim mesmo. Eu tinha três opções: tomar um pouco de distância e matar na canhota, matar no peito ou simplesmente chutar para o gol. Se matasse na canhota, podia avançar e tentar o gol ou um passe. Se matasse no peito podia deixar dar uma quicada e meter o pé. Fiquei apaixonado pela terceira ideia, a de chutar na veia para o gol, assim, direto, sem pingar. Pus a alma na chuteira e chutei, consciente do que estava fazendo, da vergonha que ia passar se isolasse a bola. Parei de pensar, meus pés começaram a latejar e eu sabia que ia acertar aquele chute. E mandei na veia, no veneno, e a bola foi que nem um torpedo subindo, fazendo curva e descendo na hora certa. Foi na gaveta, o goleiro voou e só tocou com a ponta da luva. Aí — mas que dia glorioso — a desviada dele bateu no alto da trave direita, o goleiro passou batido, a bola bateu nas costas dele e entrou. A bola ficou rodando ali e eu saí que nem criança com doce deslizando de joelho no gramado. O gol mais bonito da minha vida. Às vezes, fico vendo o vídeo para rememorar, para tentar sentir de novo, é sempre a mesma coisa. Um arrepio que só se tornou possível porque acreditei que minha canhota ia fazer exatamente o que eu queria. Porque naquele dia eu não tinha pé, tinha paixão...

Não eram só as palavras. Era tudo. O jeito de gesticular e chutar no ar em *slow motion*, parecia que os jogadores estavam vendo a cena. Um ou outro já tinha visto o vídeo. Um mais novinho chegou a dizer que quis ser jogador por causa daquele gol. Tinha o jeito de falar, a voz carregada com uma intensidade mesmerizante, a empolgação que se espalhava no ar. Havia muito que os jogadores tinham esquecido do dois a zero.

— Quem aqui é religioso? Todo mundo tem alguma coisa para se apegar. Pode ser medalhinha, escapulário, amuleto, qualquer coisa. Agora se apegue e pede com toda a força para conseguir colocar a alma na chuteira. A alma na chuteira. Não peça para jogar melhor, peça para que sua alma vá para as chuteiras. Sabe por quê? Sabe por quê? Porque a gente não vai enterrar nossa carreira nesse jogo. Porque a gente vai fazer um gol mais bonito do que o outro, porque a gente vai fazer um monte de gols e fazer esse jogo entrar para a história.

Os jogadores não se continham de tanta empolgação. Muitos ali mesmo no vestiário começaram a sentir o pé latejando. Eles começaram a acreditar. Porque milagres acontecem no futebol e hoje aconteceria de novo. Deram um grito primal e foram para o segundo tempo. Entraram no vestiário como jogadores e de lá saíram como guerreiros. O adversário tinha onze jogadores e eles tinham onze almas, onze paixões.

Pênalti para os Paixões logo aos cinco minutos. Aos quinze minutos, gol de fora da área, um tirambaço de um Paixão. Adversário confuso. Tabela no meio-campo, cruzamento pela direita na cabeça de outro Paixão. Adversário ainda mais confuso. E um lindo gol de falta pela esquerda, para ficar na história. Batida venenosa que subiu, fez curva e desceu, convicta, para entrar direto no ângulo direito.

Paixão. Glória. O resto é história.

REFLEXÕES

Beto é apaixonado por futebol. Mesmo quem não gosta de futebol gosta de ouvir suas histórias.

É possível ter paixão pela matemática, pela literatura, pela política.

Quem não tem nenhuma paixão entrou na fila dos desinteressantes.

O apaixonado fala do objeto de sua paixão sem parar se não lhe puserem freios.

A paixão é um instinto geek.

A paixão empodera.

Todo mundo sabe dos riscos da paixão avassaladora.

Mas sem paixão não tem solução.

Uma liderança apaixonada pela vida, o tempo e as pessoas.

FRAGMENTOS

— Major, o violão é o instrumento da paixão. Precisa de peito para falar "..." É preciso encostá-lo, mas encostá-lo com maciez e amor, como se fosse a amada, a noiva, para que diga o que sentimos "..."

OBRAS COMPLETAS, LIMA BARRETO

Miúda roçava, mas sua paixão era pescar. Era acordar de madrugada e seguir sozinha para a beira do rio. Levava os filhos, mas quando eles foram embora, Miúda pescou sem eles.

TORTO ARADO, ITAMAR VIEIRA JÚNIOR

A razão é, e deve somente ser escrava das paixões, e nunca pode fingir ter outro ofício que não o de servi-las e obedecê-las.

TRATADO SOBRE A NATUREZA HUMANA,
DAVID HUME

CAPÍTULO 14

SÓ O AMOR

Quem ama tem norte. E pode ir iluminadamente para onde quiser.

DIÁLOGO

Que ele amava a música, isso era fato. Que ela se angustiava com esse amor, fato também era.

Que ela amava esse menino, era inquestionável. Que, na verdade, nem menino era. Vinte anos, segundo ano de engenharia, decidido a largar a faculdade.

Ela não queria afogar o filho com afagos maternais. Ele não queria chatear a mãe.

Ela queria segurança. Ele queria vocação.

— Filho, como você vai viver de música? Tanto músico por aí vivendo à míngua.

— Como você sabe que eles estão à míngua? Você nem conhece nenhum músico.

— Não conheço nenhum músico, mas converso com uma mulher que tem o filho músico. E ela vive tendo que ajudá-lo com dinheiro e outras coisas. O menino vive querendo uns acessórios caros. Ela dá porque fica com pena e é molenga.

— Você é durona ou é molenga?

— Pelo menos tenho coragem de chamar você para uma conversa sobre seu futuro. É o mínimo que posso fazer. E não é todo dia que seu filho desiste de uma faculdade de engenharia. Notas boas e tudo.

— Pelo menos você não teve que pagar a faculdade.

— Sobra mais para você, não é?

— Eu não faço esse tipo de conta. A maioria das coisas foi você que me deu, não fiz campanha. É porque estava orgulhosa do filho engenheiro, né? Agora está achando que vou virar vagabundo se virar músico.

— Vagabundo não! Quem disse que você é vagabundo? Filho meu, vagabundo é pesadelo.

Falou com uma voz esganiçada e amedrontada.

— Será que a gente pode concordar que não sou vagabundo? É por isso que não vou ser vagabundo nunca, na engenharia, na música ou qualquer outra coisa. Baixa a bola, mãe.

— Tá, vou tentar. Mas quantos filhos você já teve? Você não entende o que uma mãe solteira passa. Ah, se seu pai estivesse vivo...

— Eu também sinto falta do papai, mas isso já faz dez anos, mãe. A essa altura a dor já deveria ter virado saudade. Li isso em algum lugar.

— Com essa história de saudade você até parece mais velho do que eu. É disso que vivo falando para mim mesmo, por que você é tão adulto? E se é para você saber, sinto saudade sim de quando tinha seu pai para me ajudar com essas coisas.

— Então tá, não queria ofender. Mas a gente agora está falando da minha vida, e para mim é suficiente conversar com você. Nem me importo com o que as pessoas possam falar se eu virar músico. É só com você que preciso me acertar.

Ela se segurou, conseguiu segurar as lágrimas. As que escaparam ela limpou discretamente com as costas da mão. Tinha encostado no ponto sensível. Não queria que o filho estragasse a vida, também não queria perdê-lo. Menino de ouro, nunca deu trabalho. Só essa dor de cabeça, agora.

— Mas quero que você ganhe bem, que tenha convênio de saúde, um apartamento e um bom carro. Como uma pessoa normal. É pedir muito?

— Eu gostaria de ter essas coisas também, embora pareça classe média demais para mim. O que estou dizendo é que topo viver com menos do que isso por um tempo para ter a chance de ir atrás do meu sonho.

— Você quer viver pobre?

— Não é isso, mãe, não exagera.

Ela é meio exagerada. Sua ascendência italiana esganiçava a voz ao menor sinal de perigo, e falava demais com a boca e com as mãos, criando um quadro dramático, ao qual o filho já aprendera dar os devidos descontos.

— Não é isso, mãe, não exagera.

— Tá bom, tá bom. Mas não consigo admitir você morando num muquifo com um monte de drogados.

— Desde quando ando com drogado, mãe? Como você consegue me imaginar vivendo com eles? Meu barato é a música, não os outros baratos. Eu quero ser músico, não traficante.

— Não foi isso que eu quis dizer.

— Mas foi o que você disse.

Naturalmente, ele também tinha sangue italiano, naturalmente fazia seu drama, embora raramente esganiçasse a voz.

— E você vai fazer como? Vai sair de uma faculdade e entrar na outra, assim sem mais ou menos?

— Peraí, preciso contar o que ando fazendo.

— Tá bom, então conte e me convença.

— Eu venho me angustiando com a faculdade de engenharia desde o começo, mas nesse ano foi pior. Comecei a achar uma chatice sem tamanho, não sabia o que estava fazendo lá. Na faculdade tem serviço de orientação vocacional, e eles me aplicaram uns testes. Todos deram resultado na área de artes, de humanas. De tudo que é de artes, o que sempre gostei mesmo foi de música. Tocava na igreja, nas festas da faculdade, até mesmo num quinteto de jazz universitário. Eu sabia fazer sem esforço o que muita gente penava para aprender. Comecei a achar que talvez a música não fosse um hobby, mas uma vocação e uma profissão. Eu tinha que me esforçar muito para tirar boas notas na engenharia, mas na música tudo flui.

A mãe ia ouvindo e achando que estava ficando sem argumentos.

— Então fui até a faculdade de música e assisti umas aulas. Consegui conversar com um professor que foi muito atencioso. Disse que tinha acontecido com ele, que eu deveria seguir minha vocação, mas sem ilusões. Eu teria que estudar muito. Fiquei animado, com um pouco mais de coragem de conversar com você. Até que mostrei um arranjo que tinha feito para uma metaleira pop, e ele realmente gostou do que viu. Disse que certamente eu tinha talento.

— Metaleira? Que raio de coisa é essa?

— Tudo bem, ninguém deveria esperar que uma mãe soubesse disso. Metaleira são instrumentos de metal que dão um gosto especial na música. Normalmente é trompete, sax e trombone, umas entradas picadas na música para aumentar o astral. Aquela música que você gosta, aquela que você ouve no rádio, tem uma metaleira boa, presta atenção.

— Metaleira, sei.

— Pensa comigo, mãe. Eu aprendi sax com poucas aulas. Aprendi sozinho flauta transversal porque as notas são iguais à do sax. Eu toco piano o suficiente para encontrar a harmonia para as músicas. E, além disso, já entendo bem de arranjo. Isso já é bastante adiantado para quem ainda nem fez faculdade. Você não acha que é um sinal para mudar de área?

De fato, ela estava ficando sem argumentos. Apelou para o drama.

— Tem certeza de que vai largar um emprego seguro por causa desse negócio de música?

— A senhora tem certeza de que prefere um filho engenheiro infeliz até o osso só para ver seu sonho realizado? Teoricamente o sonho a ser realizado é o meu. Qual felicidade você escolhe? A minha ou a sua?

— A sua, meu filho, a sua, mas queria tanto que você fosse um engenheiro feliz!

A mãe chorou, imediatamente desperta de um torpor antigo, porque não tinha o direito de manipular assim o filho. O filho chorou, entendendo a dificuldade de amor de mãe que já sofreu tanto, que naturalmente é presa a estereótipos, mas que agora sabia que o apoiaria.

Abraçaram-se e choraram lágrimas de ressonância. O amor dela por ele tinha cedido e vencido, o amor dele pela música tinha resistido e vencido.

Quando acabou o choro e o abraço se desfez, ele teve uma ideia.

— Deixa eu mostrar uma coisa para a senhora. Vou pôr uma música aqui no computador e vou tocar em cima dela.

Dado o adiantado da hora, optou pela flauta para não acordar o bairro com o sax.

Ela ficou maravilhada com a música. Ele tocou outra no piano, uma que tinha composto. Outra foi uma música antiga, da adolescência dela, que ele tinha arranjado. Disse que faria bem melhor se estivesse na faculdade de música.

— Nossa, filho, estou até atordoada. Não sabia que você fazia coisas tão lindas assim. Vai, meu filho, vai ser feliz que a porta aqui de casa sempre estará aberta para você.

Ela amou ainda mais o filho, mais precioso do que imaginara. Ele amou a música, e agora tinha licença para voar. Ele amou o sacrifício da mãe, a mãe amou porque ama mesmo. E a música que deslizava, benfazeja.

O amor vai salvar o mundo.

CASOS NÃO POR ACASO

Chris

Chris em um *it*, uma coisa a mais que parece se transportar da sua mão para a cozinha que cria. A comida fica mais gostosa, cheirosa, harmoniosa só porque suas mãos tocaram ingredientes e temperos. Mãos mágicas de sabores e aromas.

Muita gente diz que a culinária autêntica tem um quê de espiritualidade. No cotidiano a gente não tem tempo para comer, pelo menos não no sentido da degustação. E nem a tal comida autêntica está disponível para gente apressada, que almoça pensando em relatórios e reuniões. Para esses, basta o hamburguer rápido, o salgado mais rápido ainda, o pedaço de pizza já meio ressecado no balcão. Estes servem para matar a fome, não para deliciar a boca e alegrar o estômago.

Tem um quê de espiritual a fome que se eleva desse chão da comida prática. Uma coisa é querer alguma coisa para comer, outra coisa é desejar uma pizza para ouvir, aquela borda de crosta que se mastiga e se escuta enquanto a língua é invadida por sabores familiares e distantes, o mesmo sabor em momentos diferentes que fazem a alquimia acontecer. Desejar, não uma calabresa, mas aquela calabresa defumada, aquela calabresa artesanal, ficar com saudade delas. E depois mastigar a simplicidade viciante que satisfaz a alma, como se fosse uma experiência espiritualmente autêntica. Não como se fosse, porque é.

Virar os olhos depois da garfada, suspirar um pouco, mastigar devagar. É isso que as pessoas sentem com a cozinha da Chris, a cozinha vegana da Chris. Do alto de seus 31 anos, ela comanda as colheres de um restaurante badalado, íntimo, que poderia crescer.

Tendo obtido um firme sucesso de crítica, bem que poderia obter mais sucesso de público. Ela sabia que sua hora chegaria. A mágica da sua mão nunca a deixou na mão.

Dito e feito. Num determinado momento começaram a aparecer convites para expansões e parcerias. "Dá para transformar seu restaurante numa franquia", disse um. "Por que ficar pequeno se você pode ser grande, famosa e com mais dinheiro no bolso?", disse outro. E outras variações sobre o mesmo tema. As sugestões a assustavam, mas não a deixavam tentada.

Coisa diferente foi quando um *chef* conhecido nacionalmente veio falar com ela. Propôs uma fusão. Ele achava que havia benefícios recíprocos. Ela cresceria e ele teria um cardápio vegano, que muita gente achava *cult*. Ganha-ganha.

Ainda assim ela não comprou a ideia. Não porque teria um restaurante que também venderia carnes. Achou que, na junção, ela perderia a essência. Achou que poderia perder sua mão mágica se traísse sua vocação vegana. No fim, não sem muito sofrer, seguiu a si mesma. Seguiu sua vaidade, que é o nome dado para decisões monocráticas e caprichosas. A comida dela era boa demais para ser usada como isca por outro *chef*, mesmo que conhecido e poderoso.

Chris seguiu com seu dilema de sucesso de crítica e ainda não tanto sucesso de público. Por vezes, era assaltada pelo medo de ter jogado fora uma oportunidade única. Quando de madrugada era assaltada pelas dúvidas, se levantava e ia para o laboratório, sua própria cozinha, e cozinhava até cansar. Então, uma vez mais se convencia de que não queria vender seu dom, sua mágica, seu amor.

Thiago

Foi a única vez que isso aconteceu com Thiago, dono de uma carreira meteórica que o levou de estagiário a diretor em poucos anos. No meio de uma reunião com clientes ele recebeu um telefonema urgente, urgente o suficiente para tirá-lo da reunião. Todas as emergências tinham sido administráveis até então, menos essa.

Thiago é o cliente que todo RH gostaria de ter. Ele é amável com as pessoas, percebe com facilidade os sinais que elas emitem, incentiva ou freia de acordo com o que capta. Ele exerce uma liderança genuína, quase que nasceu pronto. Quando entra num ambiente, naturalmente atrai a atenção para si, também por seu sorriso fácil e imagem de lutador. Um lutador de bom humor. Quem o vê tem a impressão de representar uma boa liderança; quem o conhece, tem certeza.

Mas naquele dia ele saiu intempestivamente da reunião, colocando rápido as coisas dentro da pasta e prometendo marcar nova reunião em breve. A escola de seu filho — uma escola de elite — descobriu que ele estava fumando maconha, incentivando outros adolescentes a fumar e, não contente com isso, começou a traficar. A escola ligou para o Thiago, motivo pelo qual saiu voando da reunião.

Naturalmente, ligou o alarme no máximo. Antes de ir para a escola, ligou para seu mentor, que o acompanhava fazia um bom tempo. Quis ouvir a voz da experiência, algo a que pudesse se apegar antes da tempestade na escola. Estava com medo da própria reação. Temia não fazer nada, temia fazer demais. E temia que sua raiva com o moleque piorasse as coisas.

Ouviu o que seu mentor tinha a dizer e partiu para a escola. Lá explicaram como a escola descobriu o esquema montado pelo filho, fotos, vídeos e testemunhas. Se fosse uma escola pública, e não uma particular de renome, o filho seria processado como traficante.

No carro, voltando para casa, o que reinou foi o silêncio. O filho pensando em como tinha sido pego e em como ia se livrar da fúria do pai. O pai pensando nos erros que cometeu para ter um filho traficante ainda na adolescência.

Em casa, Thiago simplesmente disse que o filho subisse ao quarto e "depois a gente conversa". O filho estranhou, mas subiu. Não estava em condições de negociar.

Thiago pegou um uísque, colocou gelo e foi se sentar na sala. A esposa o deixou à vontade porque já tinham conversado pelo telefone. Ele foi lentamente se lembrando da vergonha de ter um filho traficante, mas também foi lembrando das palavras de seu mentor lembrando-o de que ninguém tem controle total dos filhos, do que serão ou de como serão.

Uma bicada, outra bicada, e Thiago sentia a culpa voltar, pensando nos erros que cometeu na liderança que exercia na empresa. Outra bicada e ouviu novamente o conselho do mentor, lembrando que ele pode liderar, influenciar, mas não pode controlar ninguém. No fundo, nem ele mesmo se controlava cem por cento, porque sua mente normalmente parecia ter mente própria.

Mais uma bicada, e ele encontrou um caminho, atendendo seu coração e as palavras do mentor. Viveria um dia por vez, mas sem culpa. Ele erra, os outros erram, fica por isso mesmo. Ajudaria o filho, claro, mas não se deixaria manipular pela culpa. Ficaria livre para viver livremente, pensando com independência das mentes policialescas, a começar da própria.

Há muitas coisas boas na vida. Há coisas muito boas nesse mundo. Mas, reconheça-se, poucas coisas são mais abençoadas do que o amor que faz um homem perdoar a si mesmo.

REFLEXÕES

O amor tem feito coisas
Que até mesmo Deus duvida
Já curou desenganados
Já fechou tanta ferida
Iluminados, IVAN LINS.

*

O amor é paciente. Não arranca, antes convida. Não pressiona, antes espera.

O amor é bondoso. No que depender dele, as coisas fluem em vez de se arrastarem.

O amor não fica falando bem de si mesmo. O bem que for falado, falado será naturalmente.

O amor não quer tudo para si. Pois ele doa e ainda assim se multiplica.

O amor não se alegra na injustiça. O amor gosta das coisas certas, ninguém fica para trás.

O que o amor é? Um sentimento.

O amor é algo que se sente, mas também é algo que se faz.

O amor gosta das palavras. Mas, se tiver que escolher, prefere as atitudes.

O amor foi projetado assim, pragmaticamente. Dá-nos esse presente de ser possível amar uma pessoa sem gostar dela, que é quando você faz o bem para uma pessoa que não o merece. O amor não precisa sentir, não se ufana das coisas boas que fazem em seu nome.

O amor é eterno. O que ele faz, o que ele sente, não se desfaz nem murcha.

"Ame e faze o que queres", dizia Agostinho. Quem ama tem norte. E pode ir iluminadamente para onde quiser.

Então pode-se acolher, incentivar, sonhar alto, liderar com entusiasmo, ser gentil, esperar a vez, ceder a vez, não ficar se exibindo, aconselhar sem parecer superior, lidar com o próprio ciúme, inspirar pelo exemplo, acumular uma reserva moral de respeito, respeitar a si e ao que está ao lado, ter coragem de seguir caminhos pedregosos, seguir a vocação, cuidar de si na medida certa, ser equilibrado, planejar o bem no longo prazo, exercer domínio próprio, abrir mão das vinganças corrosivas, pensar em cada dia novo como uma dádiva, apreciar o dia cansativo mas produtivo, procurar novas oportunidades de ser bondoso com as pessoas, entender antes de julgar, não bajular os chefes nem subjugar os subordinados.

Ame e faze o que queres.

Uma liderança que ame. Sobretudo, que ame.

FRAGMENTOS

Que utilidade teria uma neurociência que não consegue nos dizer nada a respeito do amor?

OXFORD DICTIONARY OF SCIENTIFIC QUOTATIONS, JOHN ZACHARY YOUNG

Kurybaiashi era um racionalista, e ele amava os soldados que estavam sob seu comando.

CARTAS DE IWO JIMA, KUMIKO KAKEHASHI

Existem maneiras graciosas e inventivas de desfrutar as palavras e de reivindicá-las como instrumentos de amor.

CARING FOR WORDS IN A CULTURE OF LIES, MARILYN MCENTYRE

Amor é coragens. Amor é sede depois de se ter bem bebido "..."

NOITES DO SERTÃO, JOÃO GUIMARÃES ROSA

.felipeurbano

Felipe tem contruíbuido ativamente com a jornada de desenvolvimento de milhares de pessoas na liderança. Seja como autor, conselheiro, consultor ou palestrante, constrói espaços de desenvolvimento reconhecidos por serem profundos, práticos, leves e sensíveis. Nas jornadas acadêmicas do doutorado, mestrado e cursos de extensão caminhou por grandes instituições de ensino nas áreas de administração, psicologia, filosofia e educação. Mora em São Paulo dividindo a vida com Carolina, quatro filhos e dois gatos.

www.felipeurbano.com

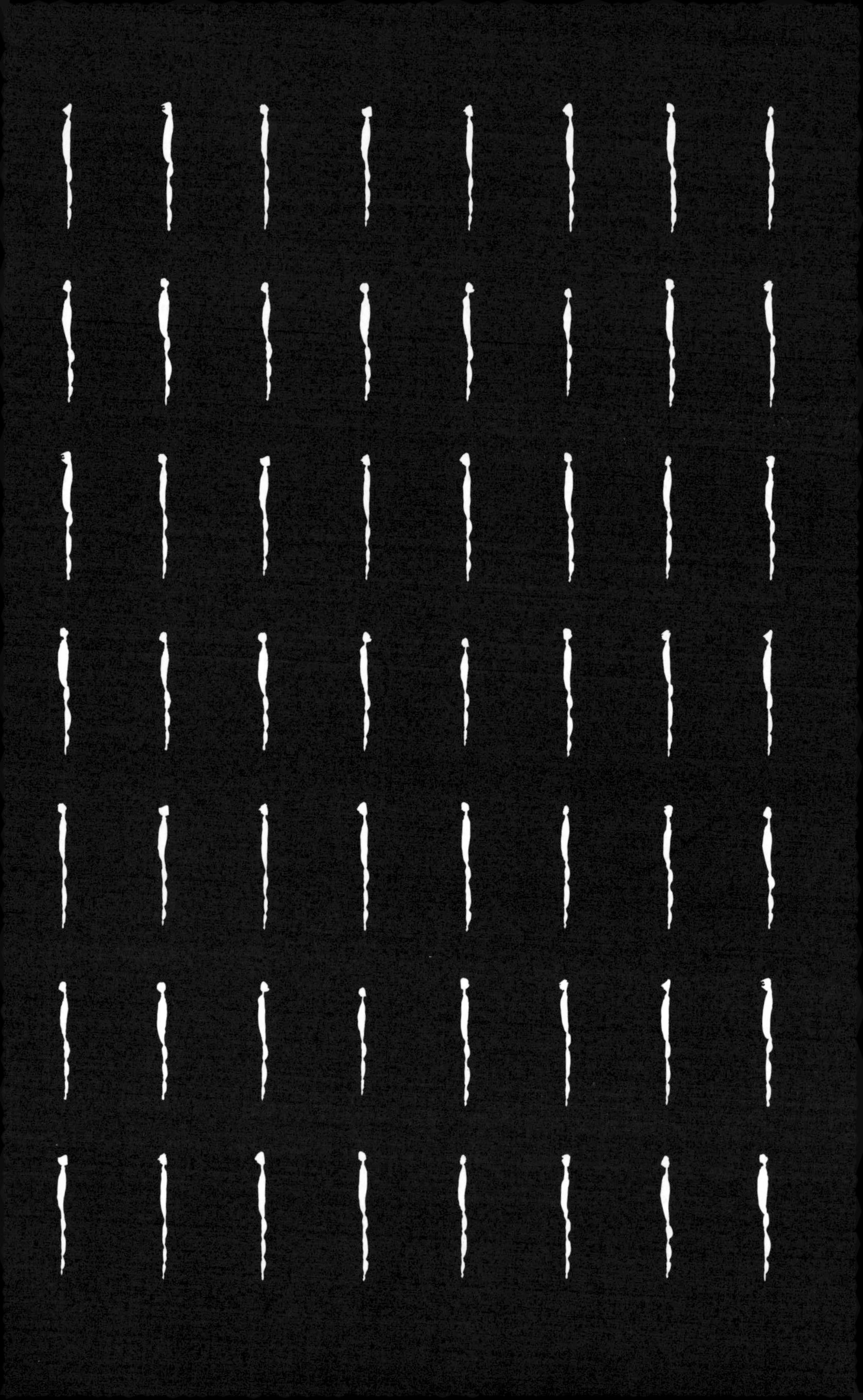

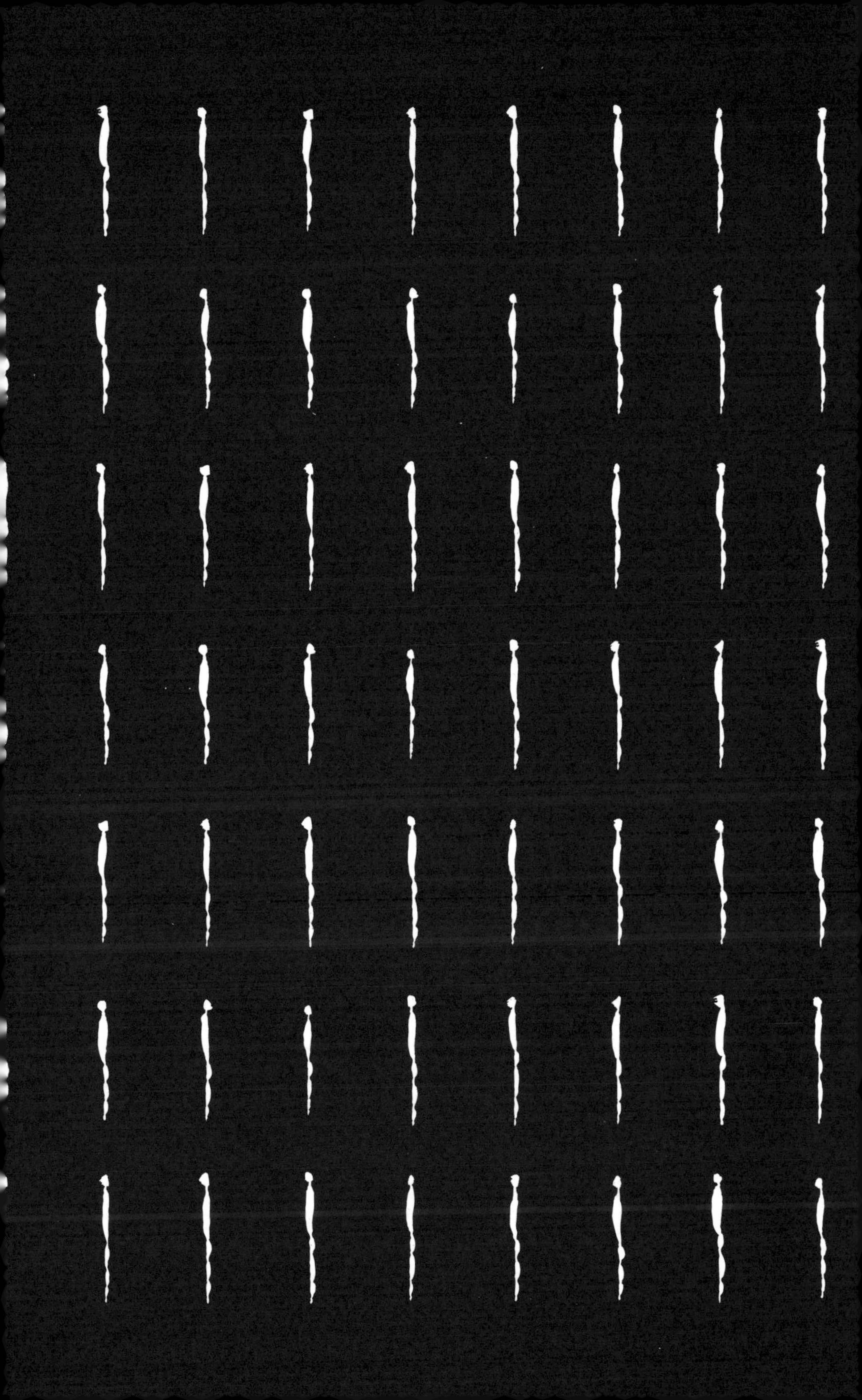

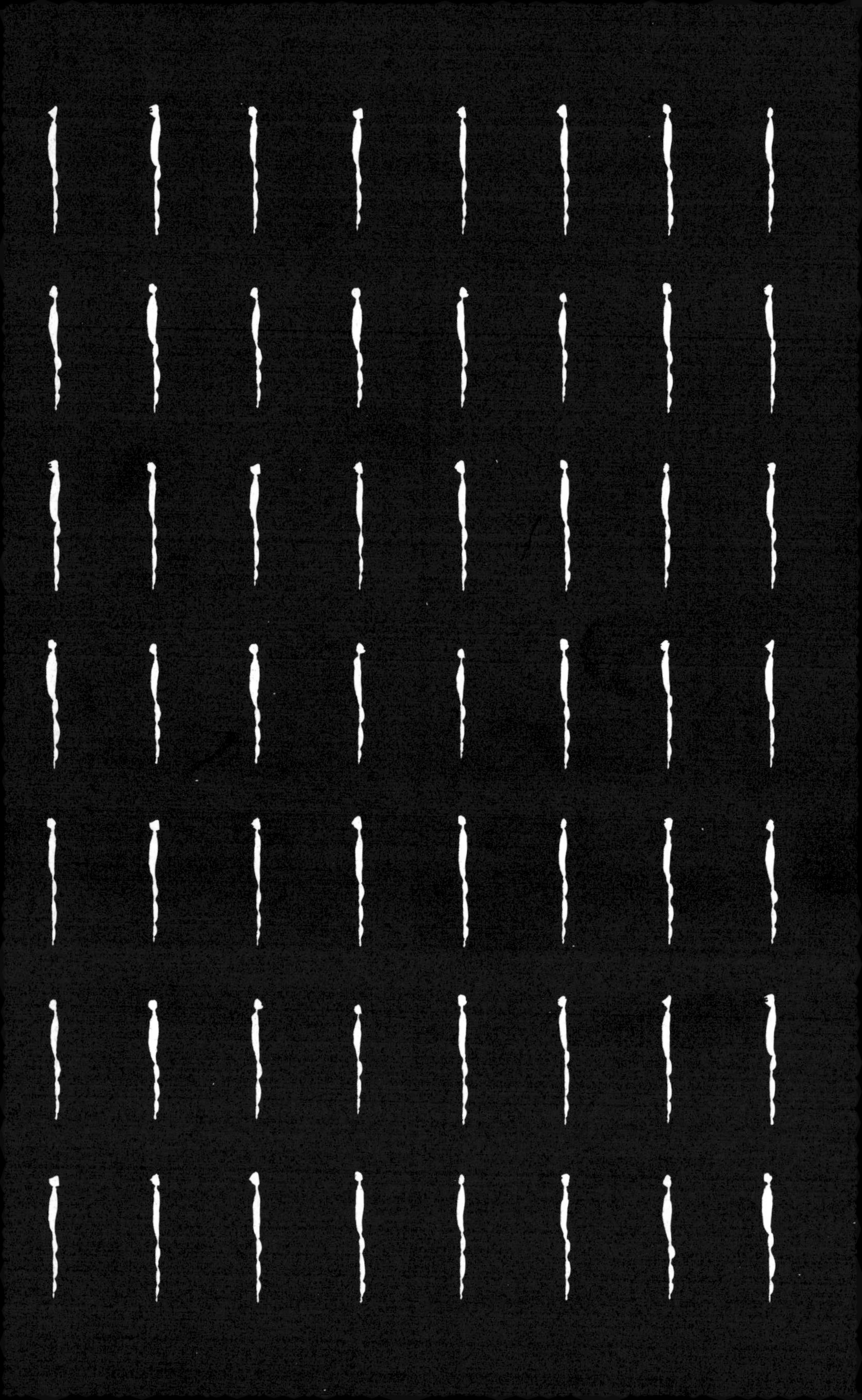